36

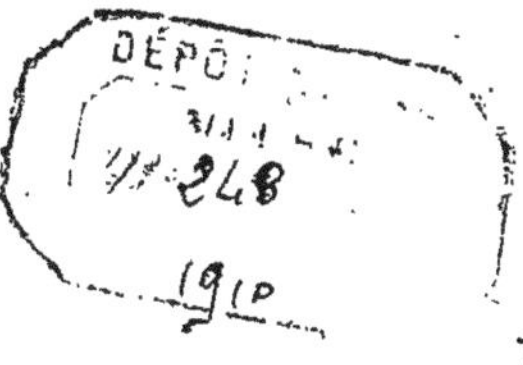

UN
SECOND MANUSCRIT

DES

EXTRAITS ALPHABÉTIQUES DE PROBUS

(Paris latin 4841)

PAR

P. F. GIRARD

PROFESSEUR A LA FACULTÉ DE DROIT DE L'UNIVERSITÉ
DE PARIS

(Extrait de la *Nouvelle Revue historique de droit français et étranger*,
Juillet-Août, 1910).

LIBRAIRIE
DE LA SOCIÉTÉ DU

RECUEIL SIREY

22, *Rue Soufflot*, *PARIS*, 5e *Arrond.*
L. LAROSE & L. TENIN, Directeurs

1910

UN
SECOND MANUSCRIT

DES

EXTRAITS ALPHABÉTIQUES DE PROBUS

(Paris latin 4841)

4536

IMPRIMERIE

CONTANT-LAGUERRE

BAR-LE-DUC

UN
SECOND MANUSCRIT

DES

EXTRAITS ALPHABÉTIQUES DE PROBUS

(Paris latin 4841)

PAR

P. F. GIRARD

PROFESSEUR A LA FACULTÉ DE DROIT DE L'UNIVERSITÉ
DE PARIS

(Extrait de la *Nouvelle Revue historique de droit français et étranger*,
Juillet-Août, 1910).

LIBRAIRIE
DE LA SOCIÉTÉ DU
RECUEIL SIREY
22, *Rue Soufflot, PARIS, 5e Arrond.*
L. LAROSE & L. TENIN, Directeurs
—
1910

UN

SECOND MANUSCRIT

DES

EXTRAITS ALPHABÉTIQUES DE PROBUS

(Paris latin 4841).

Les très précieux débris qui nous sont parvenus du petit recueil d'abréviations juridiqu es composé par le contemporain de Néron et des Flaviens M. Valerius Probus (1) nous sont arrivés sous deux formes. Nous posséd ons à la fois : une portion, mutilée et amputée de sa fin, de l'ouvrage original ou d'un abrégé de l'ouvrage original où les abréviations sont disposées, sous plusieurs rubriques, dans un ordre systématique; puis un certain nombre d'articles provenant de la même source qu'un copiste a intercalés à leur rang alphabétique, parmi ceux d'un dictionnaire du même ordre composé au Moyen âge, du dictionnaire d'abréviations dont le plus ancien exemplaire connu se trouve dans un manuscrit du vin^e siècle venant du Mont-Cassin, le ms. latin 7530 de la Bibliothèque Nationale et que l'on appelle couramment le recueil de Papias du nom du savant italien du xie siècle qui l'a inséré sous le mot *notatio* dans son *Elementarium doctrinæ erudimentum* (2).

(1) V. sur sa biographie les renvois de mes articles sur *L'Édit prétorien* (*N. R. Hist.*, 1904, p. 159, n. 1) et sur Valerius Probus, *De litteris singularibus*, 5, 1-24 (*Aus Römischem und Bürgerlichem Recht, E. I. Bekker überreicht*, Weimar, 1907, p. 23, n. 1). La note de Teuffel, § 301, note 2 citée d'après la 5e édition a reçu une rédaction nouvelle dans la 6e édition dont le tome II vient de paraître (*W. S. Teuffels Geschichte der römischen Literatur, 6. Aufl. neu bearbeitet von W. Kroll und Franz Skutsch*, II, 1910, p. 257).

(2) Mommsen, *Gram. Lat.*, IV, p. 315, indique l'ouvrage de Papias comme

Le premier groupe de morceaux, le Probus systématique, comme on peut l'appeler, nous est connu par plusieurs manuscrits modernes, du xv° siècle et du xvi°, parmi lesquels les meilleurs sont l'Ambrosianus J. 115 sup. et le Chigianus I. VI. 204 et que Mommsen estimait dériver tous d'une copie d'un manuscrit ancien prise par Cyriaque d'Ancone entre 1442 et 1443, parmi lesquels l'Ambrosianus tout au moins est un peu plus ancien ; car il est venu à la Bibliothèque Ambrosienne de l'archevêque de Milan Francesco Pizzolpasso, mort en 1442 (1).

En revanche, les autres fragments, ceux constituant le Probus alphabétique — pour lesquels la question d'exactitude de transmission est de la plus extrême importance ; car leur grand mérite est d'être des coupures littérales jusqu'à l'inintelligence, faites mécaniquement sans souci du sens, mais sans mutation de temps, de genre, de nombre, ni de cas (2), — ne

datant de l'an 1053, d'après la démonstration d'Aubri des Trois-Fontaines chez Leibnitz, *Accessiones historicae*, 2, 88 (aujourd'hui *Mon. Germ. Scriptores*, XXIII, p. 790). L'argument tiré là par Aubri de la façon dont s'exprime Papias au mot *Ætas* est pareillement admis par Samuel Berger, *De glossariis et compendiis exegeticis quibusdam medii aevi*, Paris, 1879, p. 12, qui signale une autre indication chronologique contenue au mot *Formatæ* et aboutissant à la même date, et par Goetz aux pages 273-274 de son étude sur Papias et ses sources, *Sitzungsberichte* de Munich, *Phil. Hist. Class.*, 1903, p. 267 et s., où se trouvent des renseignements abondants non seulement sur ses sources, mais sur sa biographie et sur les innombrables manuscrits de son ouvrage.

(1) V. Th. Mommsen, *Berichte* de Leipzig, *Phil. hist. Classe*, 5, 1853, pp. 91-134 (reproduit seulement en faible partie *Gesammelte Schriften*, VII, 1909, pp. 207-313), et *Grammatici Latini*, ed. Keil, IV, 1864, pp. 265-270 ; cf. pp. 347-352 ; Sabbadini, *Spogli Ambrosiani*, dans *Studi italiani di filologia classica*, XI, 1903, pp. 294-295 et *Scoperte dei codici latini e greci in secoli xiv e xv*, 1905, pp. 121 et 123, et nos observations dans *Aus Römischem und Bürgerlichem Recht*, pp. 178-179.

(2) Je cite presque au hasard, par les nᵒˢ de la reproduction du texte qu'on trouvera plus loin : pour la fidélité de conservation des nombres, des genres, des cas et des temps, les génitifs singuliers *familiae erciscundae* (nᵒ 15), *nominis Latini* (nᵒ 56), *pluuiae arcendae* (nᵒ 70), *urbis Romae* (nᵒ 145), les accusatifs singuliers *heredemque meum* (nᵒ 24), *maiorem partem diei* (nᵒ 44), les ablatifs singuliers *herede cognitore* (nᵒ 25), *manu mancipio potestate* (nᵒ 47), *ope consilio* (nᵒ 64), le génitif pluriel *rerum nouarum* (nᵒ 99), les accusatifs pluriels *iustis nuptiis quaesitos quaesitas* (nᵒ 29), *tegulas testas aurum argentum* (nᵒ 132), l'ablatif pluriel *finibus regundis* (nᵒ 19), les futurs

sont jusqu'à présent connus que par un seul manuscrit du recueil de Papias, par le célèbre manuscrit d'Einsiedeln n° 326, du x⁰ siècle, dans lequel Mommsen a su découvrir, au milieu des articles de Papias, un peu moins de cent cinquante articles étrangers aux autres manuscrits de Papias dont les uns se retrouvent dans la partie conservée du Probus systématique et dont les autres appartiennent sans doute en conséquence sauf preuve du contraire à ses parties perdues (1). C'est d'après ce seul manuscrit qu'il a publié ces articles, qu'on appelle par suite ordinairement les extraits d'Einsiedeln, dans le tome IV des *Grammatici Latini* de Keil, à deux reprises et à deux endroits : d'une part dans leur intégralité, dans le corps du recueil de Papias, sous le titre *Notae Papienses et Einsiedlenses*, pp. 315-330; d'autre part, seulement en tant qu'ils ne se retrouvent pas dans le Probus systématique, aux pp. 275-276, à la suite du texte du Probus systématique qui occupe les pp. 271-275. Et c'est de là qu'ils ont passé dans tous les recueils de droit romain.

Je viens appeler l'attention sur un second manuscrit indépendant qui contient le recueil d'abréviations de Papias grossi des mêmes additions que le manuscrit d'Einsiedeln et qui présente pour l'établissement du texte de ces additions une valeur égale à celle du manuscrit d'Einsiedeln.

I

C'est un manuscrit de l'ancien fonds latin de la Bibliothèque Nationale, le ms. latin 4841 et, si quelque chose doit étonner,

mihi heres erit (n° 50), *factum esse dicetur* (n° 16), le parfait de l'indicatif *manu consertum uocauit* (n° 45), le parfait de l'infinitif *lege egisse* (n° 41), le subjonctif *quod non iure sit rogatum* (n° 94), les impératifs futurs *praecipito sumito tibique habeto* (n° 79); pour l'indifférence au sens, le n° 46 *malo tuo factum est*, où la coupure a été faite après *dolo*, le n° 88 *quae mea est*, où elle a été faite après *iurisdictio*, le n° 116 *sicut dixi ecce tibi vindictam*, où elle a été faite avant *imposui*, le n° 142 *uidebitur in integrum*, où *uidebitur* est la fin d'un membre de phrase (*si qua alia justa causa esse uidebitur*) et *in integrum*, le commencement d'un autre (*in integrum restituam*).

(1) La dualité de sources est déjà nettement indiquée dans l'article de 1855 ; mais c'est en 1862, dans la 1⁰ partie du tome IV des *Grammatici* que Mommsen a surtout donné à la démonstration sa forme définitive et ses conséquences précises. V. plus bas, p. 490, n. 1.

c'est qu'il n'ait pas encore été utilisé par les éditeurs de Probus. La présence dans ce manuscrit d'un morceau se rapportant aux abréviations romaines était déjà signalée dans le catalogue imprimé en 1744 des manuscrits de la Bibliothèque du roi où le sommaire du ms. latin 4841 porte sous le n° 6 : *Veteres notæ Romanorum* (1). Elle l'a encore été de notre temps, à deux reprises, par M. Goetz, l'excellent éditeur du *Corpus Glossariorum* : d'abord dans une revue de la littérature relative aux grammairiens latins des années 1877 à 1890 publiée en 1891 dans les *Iahresberichte* de Bursian, où, à la fin de l'article de Valerius Probus, il donne une liste de manuscrits des *notae iuris* omis dans l'édition Mommsen (Keil, *Gram. Lat.*, IV, pp. 265-362) et relevés par M. Gundermann et où il signale sous le n° 4 : « Codex Paris. lat. 4841, saec. X, fol. 27 v° et ss. = Keil, IV, p. 316 et ss. » (2) ; puis en 1903, dans une étude sur Papias et ses sources, où il étudie, parmi les sources accessoires de Papias, le recueil d'abréviations placé dans l'article *notatio* à la suite du passage d'Isidore, 1, 19-25 et où, après avoir renvoyé aux éditions de Lindenbrog, Putsch et Mommsen, il ajoute que « un autre manuscrit de ces *notae* est le codex Parisinus 4481 [sic pour 4841] (Colb. 3603, Reg. 5960, 5) du x° siècle (aux fol. 27 v°-31 v°) » (3).

Mais ni l'indication du catalogue imprimé, ni les deux citations de M. Goetz n'ont jusqu'à présent conduit personne à deviner qu'il s'agit là d'un exemplaire de Papias contenant les mêmes extraits de Probus que le manuscrit d'Einsiedeln : celle du catalogue imprimé, sans doute parce qu'on aura pensé que, si le texte n'avait pas été mis à profit par un maître aussi informé que Mommsen, c'est qu'il contenait seulement un des glossaires dénués d'intérêt que le Moyen-âge nous a laissés à foison ; celle des *Iahresberichte* de Bursian, parce que, soit le laconisme du renvoi, soit l'observation finale de M. Goetz selon laquelle les manuscrits relevés par M. Gundermann contenaient certaines bonnes corrections, mais aucune qui n'eût été déjà faite par les éditeurs ou ne pût être trouvée par le raisonne-

<hr>

(1) *Catalogus codicum manuscriptorum bibliothecae regiæ*, IV, 1744, p. 7, col. 1.

(2) *Iahresberichte* de Bursian, LXVIII, 1891, section 2, p. 137.

(3) *Sitzungsberichte* de Munich, 1903, p. 281.

ment, aura fait penser à ceux à qui la notice sera tombée sous les yeux qu'il s'agissait d'un des nombreux manuscrits du Papias ordinaire ; la seconde aussi sans doute pour la même raison, parce que M. Goetz n'a pas dit explicitement qu'il s'agissait d'un manuscrit renfermant les additions d'Einsiedeln, quoique cette fois il eût reproduit pp. 281-282, comme pouvant prétendre à une valeur propre, une vingtaine de variantes parmi lesquelles il y en a près de la moitié se rapportant aux articles spéciaux d'Einsiedeln.

Le fait est que le manuscrit latin 4841 n'est signalé nulle part comme renfermant les extraits alphabétiques de Probus et n'a été pris en considération dans aucune des éditions des abréviations de Valerius Probus dont les plus récentes sont, à ma connaissance, celles données dans mes *Textes de droit romain*, 3e éd., 1903, pp. 195-201 (199-201 pour les extraits d'Einsiedeln), dans le tome I de la 6e édition de la *Iurisprudentia anteiustiniana* de Huschke publié en 1908 par MM. Seckel et Kuebler, pp. 82-92 (extraits d'Einsiedeln, pp. 89-92) et dans les *Fontes iuris Romani anteiustiniani*, éd. Riccobono, Baviera, Ferrini, Florence, 1909, II, pp. 365-371 (extraits d'Einsiedeln, pp. 369-371) (1).

Il a fallu une sorte de hasard pour que l'idée me vînt tout dernièrement de regarder quelles pouvaient bien être ces *veteres notae Romanorum*. Par contre, il m'a suffi d'y jeter les yeux pour y reconnaître une collection d'abréviations parallèle à celle d'Einsiedeln, qui commence ainsi qu'elle seulement dans le cours de la lettre C, qui finit plus tôt qu'elle, avant la fin de la lettre R, mais qui, pour la partie commune, présente les mêmes additions au texte courant du recueil de Papias et justifie par là sans aucun doute un examen plus attentif tant de son contexte que du manuscrit qui nous l'a conservée.

---

(1) Pas plus par exemple dans le tome II de la 6e édition de l'Histoire de la littérature romaine de Teuffel qui vient d'être publié après une révision très soigneuse par M. Kroll que dans la 2e édition du tome II, 2e partie, de l'excellente Histoire de la littérature latine de M. Schanz. La *Teuffels Geschichte der römischen Literatur*, 6. Aufl., II, 1910, p. 250, au § 300, rédigé d'après l'avant-propos par M. Wessner, et la *Geschichte der römischen Literatur* de Schanz, II, 2. Aufl., 1901, § 478, p. 340, citent toutes deux, pour les additions à Probus, le manuscrit d'Einsiedeln et seulement le manuscrit d'Einsiedeln.

Le manuscrit latin 4841, ancien *Regius* 5960, 5, ancien *Colbertinus* 3603, porte, au bas du folio 1, un nom gratté qui a été reconnu par M. Omont comme celui de Jacques-Auguste de Thou et j'ai en effet retrouvé son sommaire suffisamment exact dans le catalogue de la bibliothèque de J.-A. de Thou (1) qui le décrit dans les termes suivants : « *Situs orbis ex Orosio et Isidoro. Isidori quædam. De conciliis. De notis criticorum et abbreviaturis. Epigrammata quædam. De differentiis verborum. Prudentii oratio. Beda de metris et orthographia. Manuelis Theodor. de metris. 4°* ». Il a aussi été entre les mains de Pierre Pithou, de l'écriture duquel il y a des notices sur son contenu aux folios 1, 86, 92. Ce manuscrit, qui a donc appartenu successivement à Pierre Pithou, à J.-A. de Thou et à Colbert avant d'entrer dans la bibliothèque du roi (2), se compose de 101 feuillets sur parchemin, mesurant 200 millimètres sur 142 et est attribué au X⁰ siècle par le catalogue imprimé de la bibliothèque du roi. Il renferme une suite fort variée de morceaux divers indiqués succinctement par le catalogue de Thou et plus longuement, mais encore incomplètement par le catalogue de la bibliothèque du roi où son sommaire tient plus d'une colonne et s'élève à 25 articles. Parmi ces morceaux, il y en a qui sont connus seulement par lui (3) et il y en a d'autres pour lesquels il a déjà été signalé ou mis à contribution (4). Mais notre fragment n'a aucune communauté de provenance avec eux pas plus

(1) *Catalogus bibliothecæ Thuanæ*, 1679, II, p. 454.

(2) V. Léopold Delisle, *Cabinet des manuscrits*, I, 1868, p. 470, n. 1, sur l'acquisition par de Thou d'une partie des manuscrits de Pierre Pithou, pp. 470-471, sur l'acquisition par Colbert de la bibliothèque de de Thou, et pp. 485-486, sur l'acquisition de la bibliothèque de Colbert par la bibliothèque du roi.

(3) Ainsi, au fol. 33 v°, l'épitaphe *Poetae Latini aevi Carolini*, éd. Duemmler, I, 1881, pp. 109-110, que Gaston Paris a signalée, *Romania*, II, pp. 146-148, comme fournissant la date de la bataille de Roncevaux.

(4) V. par ex. pour les poésies fol. 32-33 v°, Duemmler, *op. cit.*, I pp. 350-351, pour celles fol. 33, *Anthologia Latina*, éd. Riese, I ², fasc. 2, 1906, pp. 177-178, nᵒˢ 721-722, pour celles fol. 92 v°, *Anthologia Latina*, éd. Riese, pp. 206-207, nᵒ 723, et pour celles fol. 93 et 99, la 1ʳᵉ éd. de Riese, *Anthologia Latina*, I, fasc. 2, 1870, p. xxv; pour les petites chroniques d'Isidore, fol. 57 v°-69 v°, Mommsen, *Chronica minora*, II, 1894, p. 399; pour les morceaux grammaticaux de Mallius Theodorus, fol. 86-90, et Albinus, fol. 93 v°-99, Keil, *Gramm. lat.*, VI, 1874, p. 581. VII, 1880, pp. 225-285.

qu'avec la plus forte part du contenu actuel du ms. lat. 4841.
En effet, non seulement on reconnaît à première vue que le
ms. lat. 4841 n'est qu'un assemblage relativement récent de
trois manuscrits distincts, correspondant le premier aux fol. 1-
69, le second aux fol. 70-85 et le troisième aux fol. 86-101 ;
mais l'unité du premier manuscrit lui-même n'a été obtenue
qu'après coup, car, s'il apparaît comme se composant de neuf
cahiers, de huit quaternions numérotés des chiffres I à VIII
au bas du dernier feuillet de chacun, dans lesquels le premier feuillet du premier quaternion manque seul, et d'un
neuvième cahier de six feuillets non numéroté, ce numérotage assurément ancien perd toute force probante en face
d'une observation déjà faite par M. Goetz, à savoir que le premier feuillet du cahier représenté comme le cinquième quaternion d'un manuscrit unique, le fol. 32 a d'abord gardé son
recto blanc pour servir de couverture à un manuscrit qui
commençait par lui et n'y a reçu qu'après coup quelques
lignes de texte écrites par une main du xie siècle ou du xiie,
un alphabet commençant par *A aurus* et finissant par *V
vent(er)*.

Le premier manuscrit, à la fin duquel se trouve notre fragment et duquel seul nous avons donc à nous occuper, ne renferme aucun des morceaux précités. Il contient uniquement : aux
folios 1-13 v°, le traité de géographie anonyme extrait d'Orose
et d'Isidore signalé dans le catalogue de Thou et désigné par
le n° 1 dans le catalogue des manuscrits du roi ; aux folios 13
v°-23, les morceaux rassemblés par le catalogue de Thou
sous la rubrique *Isidori quædam* et détaillés un peu plus
exactement dans les n°s 2 à 4 du catalogue de la bibliothèque
du roi ; aux folios 23 à 27, les notices sur les conciles signalés
par le catalogue de Thou et le n° 5 du catalogue de la bibliothèque du roi et enfin, aux folios 27 v° à 31 v°, les *notæ vetere_s
Romanorum* du catalogue de la bibliothèque du roi, n° 6, les
explications *de notis criticorum et abbreviaturis* du catalogue
de Thou.

Ces folios 27 v°-31 v° eux-mêmes contiennent, d'un seul tenant, sans rubrique ni alinéa, non pas, comme le feraient croire
le catalogue de la Bibliothèque du roi et les indications som-
maires de M. Goetz, un seul morceau, mais, comme dit cor-

rectement le catalogue de Thou, deux morceaux distincts :

1° Une notice sur les signes d'origine grecque employés par les grammairiens pour l'édition des auteurs grecs et latins, qui n'est identique ni à celle contenue dans le manuscrit de Paris latin 7530 du viii° siècle provenant du mont Cassin, au célèbre *Anecdotum Parisinum* rattaché à Suétone par Reifferscheid, *Suetonii reliquiae*, 1860, p. 137 et s. et inséré dans Keil, *Gramm. Lat.*, VII, pp. 533-536, ni à celle contenue dans Isidore, *Orig.*, 1, 20, pour laquelle Mommsen a donné, *Zeitschrift der Altertumswissenschaft*, 1845, pp. 85-88, le texte contenu dans le ms. de Paris lat. 7530 à côté de celui de l'*Anecdotum Parisinum* fourni par le même manuscrit, ni enfin à celle contenue dans le ms. de Munich 14229, du vii° siècle, dont nous avons trouvé le texte dans la dissertation de M. Paul Weber, *Quaestionum Suetonianarum capita duo*, Halle, 1903, pp. 8-13, mais qui paraît, avec des corruptions nombreuses un amalgame assez singulier de leurs trois textes. Elle commence, sans aucun titre, au haut du fol. 27 v°, par la figure et la définition de l'astérisque (*Asteriscum aristofares repperit*) et elle finit par celle de l'*ancora inferior* (*ancora inferior ponitur ad aliquid* [f. 28 r°] *humilius uel inconuenientius adnotandum*).

2° Ensuite sans titre ni solution de continuité, à partir du milieu de la ligne 1 du fol. 28 r°, le dictionnaire d'abréviations commençant comme celui du manuscrit d'Einsiedeln, mais sans sa rubrique *incipiunt notae Julii Caesaris*, par l'article *C. C. EE. causa conuenita* (Einsiedeln *conuenta*) *esse* (Keil, *Gramm. lat.*, IV, 317, col. 2) et finissant avant lui, au bas du fol. 31 v°, au cours de la lettre R, par les abréviations *R. G. recognouii. R. C. R.* (Einsiedeln *R. E. P.*) *recuperatores* (Keil, *Gramm. Lat.*, IV, 327, col. 2).

C'est par erreur que M. Goetz a écrit, *Sitzungsberichte*, p. 281, qu'il manque à la fin du quaternion IV un feuillet disparu avant le numérotage des quaternions opéré au xi° ou au xii° siècle. Ce quaternion a ses huit feuillets et si son dernier feuillet est seulement le 31° du ms. actuel, c'est parce que, comme nous l'avons noté plus haut, le premier feuillet du premier quaternion manque. Par conséquent, si la fin qui manque aujourd'hui a jamais existé, ce n'était pas à la fin du cahier IV, c'était dans un cahier nouveau différent de celui qui porte aujourd'hui le n° V; mais d'ailleurs ce ne serait pas impossible en partant de l'observation déjà signalée pareillement du même M. Goetz selon laquelle ce cahier V actuel paraît avoir d'abord, été le commencement d'un autre manuscrit et n'avoir reçu que plus tard l'alphabet écrit sur son recto par une main du xie ou du xiie siècle.

En tout cas, les quatre feuillets conservés, 28, 29, 30 et 31 de notre manuscrit, — que nous désignerons du nom de son ancien possesseur J.-A. de Thou par la lettre *T*, afin de n'apporter aucun trouble dans les abréviations par lesquelles Mommsen a désigné tant le manuscrit d'Einsiedeln 326 (*E*) que son meilleur manuscrit du pseudo-Papias le ms. de Paris lat. 7530 (*P*) et les divers manuscrits du Probus systématique, l'Ambrosianus J. 115 sup. (*A*), le Chigianus I. VI. 204 (*C*), le manuscrit du xvie siècle du Vatican Vat. 5326 (*V*) et la copie contenue dans l'exemplaire écrit en 1457 et conservé à Berne sous la cote B 42 du recueil d'inscription du médecin de Padoue Marcanova (*M*) (1), — renferment un texte du manuscrit de Papias enrichi des articles empruntés à Probus, qui est absolument symétrique à celui d'Einsiedeln, mais qui, noterons-nous tout de suite, apparaît, à côté du texte d'Einsiedeln, comme un second texte indépendant ; qui ne peut être regardé ni comme la copie, ni comme l'original du texte d'Einsiedeln, pas plus d'ailleurs qu'il ne peut, à notre sens, être considéré comme ayant tiré du manuscrit de Paris lat. 7530 les articles de Papias au milieu desquels sont enchâssés ceux de Probus. La preuve très claire en résulte du rapprochement des trois textes (2).

Le manuscrit d'Einsiedeln *E* ne peut pas venir du manuscrit *T*, de Paris lat. 4841, non pas parce qu'il va jusqu'à la fin de la lettre Z et que celui de Paris s'arrête à la lettre R, car il n'est

___

(1) V. Mommsen, *Gramm. lat.*, IV, p. 315, pour les mss. d'Einsiedeln, 326, *E* et de Paris lat. 7530 *P* (description complète de *P* dans Keil, *Gramm. Lat.*, IV, p. xli, n. et de *E* dans De Rossi, *Inscriptiones christianae urbis Romae*, II, 1, 1898, pp. 9-17) et pp. 268-270, pour les mss. du Probus systématique.

(2) Mommsen a dans son édition des notes d'Einsiedeln (*Gramm. Lat.*, IV, pp. 317-330), donné à la fois une transcription complète des folios 1 à 10 du ms. d'Einsiedeln et un relevé complet des variantes du ms. de Paris lat. 7530. Mais toutes les citations qui suivent ont été prises, pour les manuscrits d'Einsiedeln 326 et Paris lat. 7530 comme pour le manuscrit de Paris lat. 4841, sur les originaux ou leurs photographies.

pas prouvé que Paris *T* se soit toujours arrêté là, mais parce que, dans la partie commune, il contient des articles de Probus et encore plus de Papias qui ne sont pas dans le manuscrit de Paris et d'assez nombreuses leçons plus pures que celles de *T* que son scribe aurait été incapable de rétablir par conjecture (1). Le manuscrit de Paris *T* ne peut pas davantage venir de celui d'Einsiedeln *E*; car, d'une part, on y trouve dans leur ordre régulier des articles de la fin de la lettre F et du début de la lettre G qui ont été déplacés dans Einsiedeln (2) et, d'autre part, il présente en plusieurs endroits, un texte moins corrompu ou plus complet que celui d'Einsiedeln, soit pour les articles empruntés à Probus, soit pour ceux venant de Papias (3). Enfin il ne peut avoir pris son texte de Papias dans le manuscrit *P*, Paris lat. 7530, car il contient, pour ce texte, un certain

(1) T omet, ainsi qu'il est noté à la p. 506, les articles de Probus 15; 26 et 67 de notre numérotage. Parmi ceux de Papias, il omet, par ex. dans le numérotage de l'éd. Mommsen, à la lettre D les nᵒˢ 32, 34, 39, 63, 65-69; à la lettre F, le nᵒ 2; à la lettre I, les nᵒˢ 9, 39, 53, 55; à la lettre M, les nᵒˢ 6, 11-12, 29, 35, 41-42; à la lettre P, les nᵒˢ 9, 20, 22, 25; à la lettre Q, les nᵒˢ 9-11, 68-69. V. pour les leçons meilleures de Probus, la p. 508. Pour celles de Papias nous citerons dès le début du texte, à la lettre C, les nᵒˢ 5 et 7 où le ms. de Paris a *convenita, convenitio* pour *conventa, conventio*, à la lettre I les nᵒˢ 24 où il a *in terra* pour *intra*, 37, où il a *inro* pour *foro*, 46 où il a *bonarium* pour *boarium*, etc.

(2) Le manuscrit d'Einsiedeln intercale entre les abréviations (F 7) *F. T. C. familiam testamenti causa* et (F 8) *F. E. familiae erciscundae*, les abréviations (F 34) *F. P. P. R. forma publica populi romani* à (G 3) *G. C. Gaius Caesar*, qui, dans l'ordre régulier observé par Paris lat. 7530 devraient se trouver à la suite de (F 33) *F. R. forum*. Dans le manuscrit de Paris lat. 4841, les articles (F 34) *F. P. P. R. forma publica populi romani* et suivants sont à leur place correcte après (F 33) *F. R. forum*.

(3) Le ms. de Paris lat. 4841, T ne peut avoir pris dans Einsiedeln les articles de P, de Paris lat. 7530, qui sont omis dans Einsiedeln en tout, comme par exemple (C 24) *C. T. contractum*, (D 59) *D. M. domus mortui*, (L 9) *L. G. legem*, ou en partie comme (P 54) *P. I. V. D. praefectus iudeae* où E a *praefectus* et T et P *praefectus iudeae*, ni les bonnes leçons de Paris 7530 qui sont défigurées dans E — (D 50) *dis manibus sacrum* où E a *dis manibus sacrarum*, (F 42) *neruae* où E a *neue*, (L 36. 37) *locus in jure, in iure quiritium* où E a *locus iniuriae, in iure queritur*, (L 46) *Lucius (E locus) Cornelius*, (M 44) *M. A. G. militum ager* (E *maior*), (P. 1, 2, 3, 6, 7) où E a *paerius, paeris, paeres* au lieu de *patricius, patris, patres, pater*, — ni l'article également omis, par P, *K. D. capite damnatus*, nᵒ 36 de notre classement que nous croyons même devoir logiquement attribuer à Probus.

nombre de leçous excellentes qui manquent aussi bien dans le manuscrit de Paris lat. 7530 que dans celui d'Einsiedeln (1).

II

Il aurait été peu conforme au caractère de cette revue juridique, d'y reproduire et d'y commenter le morceau relatif aux signes employés par les éditeurs.

Peut-être sera-t-il utile de donner ailleurs une collation complète de la version contenue dans notre manuscrit du pseudo-Papias grossi des extraits de Probus, puisqu'elle n'est pas plus identique à celle du manuscrit d'Einsiedeln pour les extraits de Papias que pour ceux de Probus et qu'elle paraît provenir d'un manuscrit différent à certains égards du manuscrit *P* de Mommsen, du manuscrit de Paris lat. 7530.

Nous nous bornons actuellement à ce qui présente pour les études de droit, et en particulier de droit romain, l'intérêt le plus direct et le plus fondamental, aux articles du recueil dérivés de Probus. En revanche, nous n'avons pas voulu nous contenter de donner une collation du texte de ces articles sur celui du manuscrit d'Einsiedeln ; car cette collation n'aurait été utilisable qu'à l'aide de l'édition *in extenso* du texte d'Einsiedeln donnée par Mommsen dans les *Grammatici Latini*, IV, p. 317-327, toutes les autres éditions reproduisant uniquement, comme lui aux pp. 275-276, ceux des articles du Probus alphabétique qui ne se retrouvent pas dans le Probus systématique (2). Nous avons estimé préférable de donner ici une édi-

(1) Une copie de Paris lat. 7530 n'aurait pu contenir les bonnes leçons qui ne sont ni dans Paris lat. 7530 ni dans Einsiedeln et qui sont dans Paris lat. 4841, dans notre ms. T, aux articles (F 3) où T seul a *fati munus implevit* avec les notes du Vatican (F 11), tandis que P a *facti* et E *ficti*,(I 14) où T porte avec les notes du Vatican (I 17) *in possessione* à la place de la corruption *in positione* de P et E, (L 36) *locus in iure* (P *locus iniuste*, E *locus iniuriae*), (L 37) *locus in iure quiritium* (P *locis iniuste quiritum*, E *locis in iure queritur*, (M 47) *morte punit* (P *morte ponit*, E *mores ponit*), enfin (D 74) où il éclaire seul les leçons corrompues de P et d'E en donnant d'abord *D. S. duce seruantur*, puis *D. S. duo deseruantur*, tandis que P a *D. D. S. duo deseruantur D. D. S. dudeseruantur* et E seulement *D. D. S. duo deseruantur*.

(2) Il sera facile de retrouver les 77 articles de ce choix parmi les 145 articles reproduits ici à l'aide de la concordance suivante. Le premier chiffre désigne l'édition des 77 articles et le second la nôtre des 145. 1 = 34. 2 =

tion nouvelle complète des articles du Probus alphabétique et
de la donner à la fois d'après le ms. de Paris *T* dont les leçons
apparaissent ici pour la première fois et d'après le ms.
d'Einsiedeln *E*, pour lequel l'édition Mommsen est excellente,
mais nous avons pu, sur les obligeantes indications de M. le
bibliothécaire Gabriel Meier, nous procurer en outre une très
bonne photographie.

On trouvera reproduits ici, — dans l'ordre dans lequel ils se
succèdent dans les deux manuscrits après élimination : 1° des articles contenus dans les manuscrits ordinaires du pseudo-Papias ;
2° des articles qui, bien que manquant dans les manuscrits
actuels de Papias, paraissent y avoir été simplement omis ou
avoir été ajoutés par interpolation (1), — les 145 articles qui res-

101. 3 = 13. 4 = 87. 5 = 59. 6 = 62. 7 = 67. 8 = 66. 9 = 48. 10 =
119. 11 = 113. 12 = 118. 13 = 129. 14 = 8. 15 = 9. 16 = 2. 17 = 46.
18 = 57. 19 = 64. 20 = 145. 21 = 106. 22 = 54. 23 = 7. 24 = 44. 25
= 81. 26 = 124. 27 = 90. 28 = 41. 29 = 42. 30 = 102. 31 = 47. 32 =
12. 33 = 72. 34 = 111. 35 = 23. 36 = 50. 37 = 24. 38 = 11. 39 = 143.
40 = 112. 41 = 79. 42 = 133. 43 = 60. 44 = 136. 45 = 132. 46 = 14.
47 = 131. 48 = 43. 49 = 51. 50 = 141. 51 = 122. 52 = 1. 53 = 25. 54
= 3. 55 = 65. 56 = 93. 57 = 22. 58 = 98. 59 = 18. 60 = 70. 61 = 15.
62 = 19. 63 = 135. 64 = 55. 65 = 140. 66 = 20. 67 = 82. 68 = 105. 69
= 142. 70 = 100. 71 = 10. 72 = 61. 73 = 68. 74 = 88. 75 = 99. 76 = 117.
77 = 110.

(1) Mommsen écrit, p. 316, que *quae Einsidlensis solus habet* sont *ex Proto
deprompta omnia exceptis paucissimis quae aut ex interpolatione accesserunt
aut apud Papiam casu exciderunt.* Il indique en conséquence entre parenthèses comme devant être éliminés, les articles suivants (dans la reproduction
desquels nous avons simplement omis par suite de notre manque de ressour-
ces typographiques les traits horizontaux placés au-dessus des lettres *EE* de
D 6, *DD* de D 7, *MA* de D 66, *NM* de D 68, un *o* suscrit sur l'F de I 38 et l'*X*
coupé d'un trait vertical et suivi d'un petit *o* de l'abréviation d'*existimatio*) :
(D 6) *D. E E. damnatus esse,* (D 7) *D. D. dandum,* (D 8) *DD dandum,* (D 66)
D. M. A. domina, (D 68) *DNM dominum,* (D 70) *DM deum,* (F 25) *F. I. fideiussor,*
(I 16) *I. L. in loco,* (I 38) *I. Fo. C. S. in foro caesaris,* (O 3) *O. P. P. oppor-
tebat,* (O 6) *O. E. O. oppidum,* (O 25) *O.M. NO. omnino,* (S 22) sans doute plutôt
(S 20) *S. C. D. L. secundum legem,* (S 50) sans doute plutôt (S 48) *ST. sta-
tutum,* (S 60) *STE stadium positum,* (T 17) sans doute plutôt (T 19) *T. B. C.
S. Tiberius Caesar,* (V 1) *V. A. L. Valerianus,* (V 32) sans doute plutôt (V 31)
V. F. V. sus fractus que Mommsen corrige en *V. F. (uer)sus fractus* et où *sus
fractus* nous semblerait pouvoir être aussi une corruption de *usus fructus,*
enfin (X 2) *xistimatio.* —Nous avons cru devoir comprendre dans notre tableau, non seulement le n° 36, *K. D. capite damnatus,* qui est dans T et qui

tent après cette élimination et qui, suivant la démonstration
faite par Mommsen pour le manuscrit d'Einsiedeln et également
ment probante pour les deux manuscrits de Paris et d'Einsiedeln, sont rattachés à l'ouvrage de Probus à la fois par la présence d'un fragment de son introduction à la suite des extraits
d'Einsiedeln et par la concordance d'une partie des abréviations qu'ils contiennent avec celles qui subsistent encore dans
les manuscrits du Probus systématique. Les lettres corrigées
sont imprimées en italiques; les articles qui se retrouvent
dans le Probus systématique sont distingués par des astéris-
ques; les feuillets du manuscrit de Paris, les feuillets et les
colonnes du manuscrit d'Einsiedeln sont indiqués en marge.
En note, sont, sous chaque article : d'abord, entre parenthèses,
la lettre et le chiffre sous lesquels il figure dans l'édition Mommsen du manuscrit d'Einsiedeln, et, le cas échéant, le numéro
qu'il porte dans le recueil, dressé par le même Mommsen, des
extraits de Probus connus par le manuscrit d'Einsiedeln;

n'était pas dans E, mais le n° 26, *I. L. in loco*, qui était déjà dans E (I 16)
et que Mommsen a éliminé. Car ni l'un ni l'autre n'est dans P et il n'existe
ni contre l'un ni contre l'autre de motif individuel d'exclusion, tous deux
suivant à la différence de presque tous les articles exclus par Mommsen, le
système régulier d'abréviation par suspension, par la première lettre du mot,
que Mommsen signale à un autre endroit de la p. 316 comme celui de Probus
et tous deux étant aussi absents des *Notae Vaticanae* (*Gram. Lat.*, IV, pp. 301-
314) que Mommsen signale, p. 315, comme la meilleure source de Papias, à
la différence par ex. de (S 48) *St. statutum* qui est dans les *Not. Vat.* (S 23)
et qu'il a sans doute exclu pour cette raison. Naturellement, cela ne veut pas
dire que nos deux articles ne puissent, malgré l'apparence, venir en tout ou
partie d'autres sources inconnues au lieu de venir de Probus. Mais il en est
de même d'autres articles encore, ainsi, parmi ceux que Mommsen a admis,
du n° 10, *ex consuetudine* que Huschke refuse à Probus, du n° 90, *quae
infra scripta sunt*, qui pourrait, par ex. avoir aussi bien été tiré mécaniquement de l'abréviation précédente, n° 89, *quae supra scripta sunt* que le n° 26,
in loco pourrait l'avoir été de l'article consécutif (1 17) *in loco sacro*, enfin des
n°° 34, *iudex esto*, 35, *kalumniae causa*, 145, *urbis Romae* pour lesquels Mommsen signale, à un autre endroit de la p. 316, la difficulté de tracer les limi-
tes des abréviations de Papias et de Probus. Et à l'inverse, d'autres abréviations que l'on ne peut considérer comme venant dans nos deux manuscrits du
Probus systématique parce qu'elles sont dans Papias, se trouvaient probablement dans cet édit prétorien dont Probus a recueilli les abréviations. Mais
la logique commande de mettre à part tous les articles que le procédé d'élimination signalé par Mommsen conduit à assigner à Probus et seulement
ceux-là.

puis toutes les variantes fournies par les deux manuscrits (1) ainsi que les conjectures les plus importantes et les références aux autres sources (2), et, pour les extraits qui reparaissent dans le Probus systématique, les passages corrélatifs de ce Probus systématique avec les principales leçons des manuscrits dépouillés par Mommsen et signalés plus haut (3).

E f. 1 v° col. 1. T f. 28 r°   1. D · D · *D* · deinde deperi*it* de-
                                    minutum.
                                2. D · V · M · doloue mal*o*.
                                E T

(1) Nous avons seulement négligé les différences de graphie et de ponctuation des initiales abréviatives, dont la notation eût présenté des complications typographiques et peu d'intérêt, pour ramener uniformément, ainsi qu'a fait Mommsen, aux pp. 273-275, ces initiales à la forme classique.

(2) J'ai indiqué ailleurs (*Un document sur l'édit antérieur à Julien*, dans *Aus Römischem und Bürgerlichem Recht*, Weimar, 1907, pp. 21-56), comment peut, à mon avis, se rétablir le plan suivant lequel étaient disposés tant les articles du § 5 du Probus systématique que ceux passés dans le Probus alphabétique. Je n'ai pas cru que ce fût le lieu, dans cette édition, de revenir sur l'exposé d'une méthode que je considère d'ailleurs toujours comme parfaitement sûre et même comme pouvant, jusqu'à un certain point, être étendue aux autres paragraphes du Probus systématique.

(3) Il eût été plus correct de donner tout au moins pour les deux manuscrits principaux A et C le résultat d'un examen personnel des originaux ou de leur photographie. Je n'ai pu y procéder pour le présent travail. Je m'en suis d'autant plus aisément consolé que ce travail m'a précisément fourni l'occasion de vérifier l'extrême exactitude des transcriptions de Mommsen, sur l'original du ms. latin 7530 (P), sur la photographie du ms. d'Einsiedeln (E) et sur la reproduction du ms. de Marcanova (M) contenue dans Steffens, *Lateinische Paläographie*, 1ʳᵉ éd., 1903 et ss., n° 91. Mommsen n'a pas employé pour son édition les mss. de Paris, lat. 6117 et *Nouv. acq. lat.*, 162 (f. 31 V. *Flaccus de notis antiquis*) et 632 (f. 5, v° *Est etiam circha prescribendas*). Le premier est non seulement, ainsi que le dit Mommsen, *Gram. Lat.*, IV, p. 611, très défectueux, mais très mutilé et les deux autres dérivent simplement de la copie de Marcanova.

1. (D 36) (52) E T *D. D. D. M.* Huschke corrige *M.* en *V. E.* = *ue est.* E T *deperit.* Mommsen rapproche le s. c. Juventien, D, 5, 3, 20, 6 b : *etsi eae ante petitam hereditatem deperiissent deminutaeue fuissent*, pour conjecturer une formule *si quid deinde deperiit deminutumue erit.* Peut plutôt, suivant la supposition de Lenel, *Edictum*, 2. Aufl., 1907, § 281, p. 501, avoir appartenu à la formule de la stipulation *pro praede litis uindiciarum* (cf. Paul, *Sent.*, 5, 9, 1).

2. (D 16) (16) E *uel* E T *male.* V. les nᵒˢ 9 et 46.

3. D · M · O · donum munus operas.

E f. 1 v° col. 2 * 4. D · C · S · de consilii sententia.

* 5. D · P · F · denuntiandi potestatem faciam.

* 6. D · E · R · de ea re.

7. D · D · decreto decurionum.

E f. 2 r° col. 2 T f. 28 v° 8. D · M · F · dolo malo fecisti.

9. D · V · M · T · doloue malo tuo.

E f. 2 v° col. 1 10. EX · C · ex consuetudine.

11. E · H · E · exheres esto.

12. E · I · C · ex iure Quiritum.

13. E · R · A · ea res agatur.

14. F · T · C · familiam testamenti causa.

E f. 2 v° col. 2 15. F · E · familiae erciscundae.
E T

3. (D 18) (54) T *opera*. V. Paul, *D.*, 50, 16, 53, *pr.* : *Cum dicit praetor* : *si* DONUM MUNUS OPERAS *redemerit*. Cf. Lenel, *Ed.*, § 150, *De bonis libertorum*, 5.

4. (D 27) T *consilio* E *sentencia*. Probus, 3, 23 : *D. C. S. de consilii sententia*.

5. (D 35) E *potestas* E T *facit*. Probus, 5, 8... *D. P. F. ... denuntiandi potestatem facit* (A V M ; C *fiat*; Mommsen *faciam*).

6. (D 36) T *aere*. Probus, 3, 20. V. les n°s 95 et 145.

7. (D 37) (23).

8. (D 71) (14) Formule de l'interdit *quorum bonorum* (Lenel. *Ed.*, § 227), *D.* ,43, 2, 1, *pr.* : ...: *quodque* DOLO MALO FECISTI *uti desineres possidere*. V, les n°s 72 et 100.

9. (D 72) (15) E *uel*. Formule de l'interdit *de liberis exhibendis* (Lenel, *Ed.*, §262) *D.* 43, 30, 1, *pr.* : *si is eaue apud te est* DOLOUE MALO TUO *factum est*. V. les n°s 9 et 46.

10. (E 27) (71) T *consuetudinem*. Article écarté par Huschke comme n'étant pas de Probus.

11. (E 28) (38) E T *est*. Formule d'exhérédation, Gaius, 2, 137 ; *D.*, 28, 2. 2, etc. : EXHERES ESTO.

12. (E 29) (32) Formule des actions réelles civiles, par ex. de la revendication, Gaius, 4, 34. 36, etc.

13. (E 30) (3) E *agitur* T *agetur*. Huschke *agatur*. Cf. Gaius, 4, 131 : *ut cum hac praescriptione agamus* : EA RES AGATUR.

14. (F 7) (46) T *familia*.

15. (E 8) (61) Omis par T. Cf. la rubrique sans doute empruntée à l'édit (Lenel, *Ed*, § 80) de *D.*, 10, 2, FAMILIAE ERCISCUNDAE.

                *16. F · E · D · factum esse dicetur.

T f. 29 r° *17. F · C · fiduciae causa.

                18. F · P · fidei promissor.

                19. F · R · finibus regundis.

E f. 3 r° col. 1 20. F · C · L · fraudationis causa latitat.

             *21. F · C · fraudare creditores.

             22. F · P · P · R · forma publica populi Romani.

             23. H · B · V · P · heres bonorumue possessor.

             24. H · Q · M · heredemque meum.

E T

16. (F 9) E *est* E *dicen* avec sur l'*n* à la fois deux abréviations dont Mommsen signale seulement la première (F 9), mais dont il donne le fac-similé dans l'annotation de Probus, 3, 9 : un trait horizontal au dessus et un trait oblique coupant la fin (īⱽ). La seconde abréviation est employée pour *um* dans le ms. E, f. 4, v° col. 2, dans *Romanor(um)* n° 37 et f. 10 v°, dans *notar(um)* (éd. Mommsen, p. 330). Il y a là, croyons-nous, une corruption venant d'une mauvaise lecture d'un ms. où *dicetur* était en abrégé (v. par ex. Lindsay, *Contractions in Early Latine Minuscule MSS.*, 1908, p. 10, note 3) et où l'*r* a été lue *n* et un signe abréviatif mal compris. Probus, 3, 9 : *Q. E. R. E. V. quod eius recte factum esse dicetur*. 5, 18 : *F. E. D. factum esse dicetur*. V. le n° 104.

17. (F 19) Probus, 5, 13 : *F. C... fiduciae causa ...·C.·* Gaius, 2,59.3,201 et la restitution de la formule de l'action *fiduciae* dans Lenel, *Ed.*, § 107, p. 283.

18. (F 20) (59).

19. (F 21) (62) E *regnandis* T *recundis*. Débris possible de la formule de l'action *finium regundorum*. Cf. Lenel, *Ed.*, § 279, p. 206. *D.*, 10, 1, *rubr. Finium regundorum.*

20. (F 30) (66). V. *D.*, 42, 4, 7 *pr.*, *Praetor ait* : *Qui* FRAUDATIONIS CAUSA LATITABIT (où il y a à la vérité, comme dans Cicéron, *Pro Quinctio*, 19,60, *latitabit* et non *latitat*). Cf. Lenel, *Ed.*, § 204).

21. (F 31) T *fraudari credit*. Probus, 5,13 : *F. C. fraudare creditores.*

22. (F 34) (57). Placé dans E après le n° 14 par suite de la transposition signalée p. 488, n. 2. Cf. la *lex de Gallia cisalpina*, c. 21 (*Textes*, p. 74) : *pecunia certa credita signata f(orma) p(ublica) p(opulei) R(omanei)*. Déjà rapporté par Huschke à la matière des *res creditae*. Cf. Lenel, *Ed.*, § 95.

23. (H 6) (35) T *heredes*. Cf. le codicille, *D.* 29, 7, 3 : *quisquis mihi heres erit bonorumue possessor*. Mais la formule peut s'être trouvée en beaucoup d'autres endroits, ainsi dans l'édit sur la transmission de l'*in integrum restitutio* (Lenel, § 47).

24. (H 7) (37) T *herede* T *meo.*

E f. 3 v° col. 2 T f. 29 v°   25. H · CO · herede cognitore.

                     26. I · L · in loco.

E f. 4 r° col. 1   * 27. I · D · T · S · P · in   diem
                      tertium siue perendinum.

             * 28. I · S · F · in senatu fuerunt.

E f. 4 r° col. 2   * 29. I · N · Q · Q · iustis   nuptiis
                      quaesitos quaesitas.

             * 30. I · D · C · iuris dicundi causa.

             * 31. I · D · L · D · iudicium dabo
                      iurisdictio.

             * 32. I · C · E · V · iusta   causa
                      esse uidebitur.

T f. 30 r°   * 33. I · S · iudicatum solui.

              34. I · E · iudex esto.

E f. 4 v° col. 1   * 35. K · C · kalumniae causa.

              36. K · D · capite damnatus.

                 E T

25. (H 8) (53) E *GOG*. Rattaché par Lenel, *Ed.*, § 281, p. 502 à la stipulation *pro praede litis vindiciarum*.

26. (I 16) Omis par T. N'est pas rattaché par Mommsen à Probus; mais v. p. 490, n. 1. Cf. la rubrique empruntée à l'édit (Lenel, § 275) de *D.*, 43, 61, *ne quid* IN LOCO *sacro (religioso sancto) fiat.*

27. (I 30) E *I. D.T. S.P. in die tercio s. perhendinus* T *I. D. T. in die tertio S. P. seu perendiu*. Probus, 4, 9 : *I. D. T. S. P. in diem tertium siue perendinum* (M *perendinium*).

28. (I 31) T *is senatus*. Probus, 3, 22: *I. S. F. in senatu fuerunt.*

29. (I 62) T *iustius nuptius quesitus* E *nuplis*. Probus, 3, 13 : *I. N. Q. Q.* (V; A C M *I. N. Q.*) *iustis nuptiis quaesitos* (A *quaesitos*) *quaesitus* (V; A C M *quaesitus*, Mommsen *quaesitas*).

30. (I 63) T *iuri* E T *dicendi*. Probus, 5, 2 : *I. D. C. iuris dicundi causa.*

31. (I 64) T *iuditium*. Probus, 5, 6. 7 : *I. D. I. D. iudicium dabo iurisdicto.*

32. (I 65) E T *uidetur*. Probus, 5, 10 : *I. C. E. V. iusta causa esse uidebitur*. Edit sur le *damnum infectum* (Lenel, § 175), *D*. 39, 2, 7, *pr.* : *Praetor ait : cum* IUSTA CAUSA ESSE UIDEBITUR.

33. (I 66) E *iudicium* T *iuditium* E *soluit*. Probus, 5, 23 : *I. S. iudicium solui*. Cf. la rubrique de *D.*, 46, 7, IUDICATUM SOLUI.

34. (I 67) (1) Nomination du juge dans la formule (Gaius, 4, 34, etc.) : IUDEX ESTO.

35. (K 18) E *kalumpniae*. Probus, 5, 11. V. n° 58.

36. Omis par E. V. p. 490, n. 1. Cf. Ulpien, *D.*, 28, 3, 6 : *Sed si quis fuerit* CAPITE DAMNATUS. L'abréviation peut s'être trouvée dans la partie de Probus relative aux lois, mais aussi dans celle de l'édit où par exemple le personnage est désigné dans le titre *de postulando* (Lenel, § 15) *qui pro aliis ne postulent*, par les mots *qui capitali crimine damnatus erit* (*D.*, 3, 1, 1, 6),

E f. 4 v° col. 2 * 37. L · P · C · R · Latini prisci ciues Romani.

 * 38. L · C · Latini coloniarii.

 * 39. L · I · D · A · C · lex Iulia de adulteriis cohercendis.

 * 40. L · R · I · lex res ius.

E f. 5 r° col. 1 41. L · E · lege egisse.

 42. L · A · E · lege actum est.

 43. L · C · libertatis causa.

E f. 5 v° col. 2 T f. 30 v° 44. M · P · D · maiorem partem diei.

 * 45. M · C · V · manu consertum uocauit.

 46. M · I · F · E · malo tuo factum est.

 47. M · M · P · manu mancipio potestate.

E T

au temps de Julien, mais où il peut avoir été appelé *qui capite damnatus erit* au temps de Probus, soit là, soit dans l'édit sur l'exécution sur les biens (Lenel, § 212), soit ailleurs encore.

37. (L 4) E *romanorum*. Probus, 3, 5 : *L. P. C. R. latini prisci ciues romani* (M ; A C V *ciues romanus*).

38. (L 5) E T *colonarii*. Probus, 2, 23 : *L. C. latini coloniarii* (M V ; A C *colonarii*).

39. (L 7) Probus, 3, 10 : *L. I. D. A. C. lex iulia de adulteriis cohercendis.*

40. (L 8) E T *rex* E *iustus*. Probus, 3, 3. V. les n°ˢ 103 et 120.

41. (L 11) (28) E *legem.*

42. (L 12) (29) T *legatum est.*

43. (L 20) (48) Huschke corrige sans raison *liberalis.* P. Krueger rapproche la mention faite par Paul, *Sent.*, 3, 2, 5, des *libertatis causa imposita.* Cf. Lenel, *Ed.*, § 140.

44. (M 31) (24) Paul, *1 ad ed.* (au sujet du *vadimonium Romam*, Lenel, *Ed.* § 6, je crois, contrairement à Lenel ; v. *N. R. H.* 1904, pp. 143-144), *D.*, 50, 16, 2, 1 : « *Cuiusque* DIEI MAIOR PARS » *est*...

45. (M 32) E *manum* E *consertum* corrigé en *consertam* T *conseruatum* T *uocabit.* Probus, 4, 4 : *E. I. M. C. V. ex iure manu consertum uocauit* (V *uocarit*).

46. (M 33) (17) T *malorum tuorum.* Formule de l'interdit *de liberis exhibendis* (Lenel, *Ed.*, §262), *D.*, 43, 30, 1, *pr.* : *Ait praetor qui quaeue in potestate* (v. le n° 47) *L. Titii est si is eaue apud te est doloue* MALO TUO FACTUM EST...

47. (M 34) (31) T *mancipo potestatem.* Huschke rapproche la rubrique de la loi de Salpensa, c. 22 (*Textes*, p. 107), *Ut qui civitatem Romanam consequantur maneant in eorumdem m(anu) m(ancipio) potestate.* Les trois abréviations peuvent aussi s'être trouvées dans l'édit, par exemple dans l'interdit *de liberis exhibendis* (Lenel, § 262). V. n° 46.

48. M · A · E · melius aequius erit.

* 49. M · D · O · mihi dare oportere.

50. M · H · E · mihi heres erit.

51. M · C · M · mortis causa manu-
missa.

E f. 6 r° col. 1 * 52. M · *V* · N · municipia uel municeps.

* 53. M · E · M · municip*ibus* eius municipii.

54. M · C · F · municipii *coloniae*
for*i*.

T f. 31 r°   55. N · C · N · P · nec clam nec
precari*o*.

E f. 6 r° col. 2 * 56. N · L · nominis Latini.

57. N · R · non restituetur.

E T

48. (M 36) (9) T *aquius*. Formule de l'action *rei uxoriae* (Lenel, § 113)
dans Cicéron, *Top.*, 17, 66 : *In arbitrio rei uxoriae in quo est quod eius* MEL IUS
AEQUIUS ERIT, etc.

49. (M 38) E *michi* T *oportet*. Probus, 4, 1 : *A. T. M. D. O. aio te mihi dare
oportere.*

50. (M 39) (36) E *michi* T *eres*. Voir par exemple la formule *quisquis*
MIHI HERES ERIT *damnas esto* dans Julien, *D.*, 30, 104, etc.

51. (M 48) (49) Mommsen corrige : *M. C. M. M.*

52. (M 58) E T *M. N. E municipes* T *mancipia* T *municep*. Probus, 2, 21 :
MVN. municipio uel municeps où Mommsen suivi par tous corrige *municipes*
avec E, mais contre T et contre Probus, 2, 21 lui-même.

53. (M 59) E *M. E. N. E municipes* T *municep* T *municus*. Probus, 3, 7 ∷
M. E. M. D. D. E. municipis (AC ; M *municipiis* ; V *municeps*) *eius municipii
dare damnas esto.*

54. (M 60) (22) T *M. N. F. E* T *municipii fores*. Mommsen suivi par Kru-
ger et Baviera conjecture *municipio colonia foro* à cause de la formule de la
lex de Gallia cisalpina, c. 21. 23 où il y a *in o(ppido) m(unicipio) c(olonia),
p(raefectura) f(oro)*, etc. Huschke suivi par Seckel et Kuebler *municipiis co-
loniis foris* en indiquant en outre la loi Julia de 709, ligne 83 (*Textes*, p. 83)
où il y a *in municipieis coloneis praefectureis foreis*, etc.

55. (N 12) (64) E *pcari* T *precari*. Exception *vitiosae possessionis* contenue par exemple dans l'interdit *de vi cottidiana* (Lenel, § 245, 1) cité par
Cicéron, *Pro Tullio*, 19, 44, *quod nec ui* NEC CLAM NEC PRECARIO *possideret*, dans
l'interdit *uti possidetis*, etc.

56. (N 34) Probus, 2, 22 : *N. L. nominis latini.*

57. (N 35) (18) Mommsen rapproche à tort les lettres *N. R.* de Gaius, 4,
47, qu'il traduit cependant *n(isi) r(estituas)* et non pas *neque restituet* et qui
sont peut-être une simple corruption.

       * 58. N · K · C · non calumniae causa.

E f. 6 v° col. 1   59. N · N · Numerius Negidius.

       60. O · G · O · T · omnia orna-
menta omnia texta.

       61. O · A · Q. · omnes ad quos.

       62. O · E · R · ob eam rem.

       * 63. O · P · opiter.

       64. O · C · ope consilio.

E f. 6 v° col. 2   65. O · D · M · operas donum munus.

       66. O · E · F · B · oportebit ex
fide bona.

E T

58. (N 36) T *N. K. L. C.* E *calumpniae* T *calumnie.* Probus, 5, 11 : *N. K. C. non calumniae* (A *calumnie*) *causa.* Edit sur le *damnum infectum* (Lenel, § 175), Ulpien, *53 ad ed.;* D. 39, 2, 7, *pr.* : *Praetor ait* NON CALUMNIAE CAUSA *id se postulare.*

59. (N 44) (5) E T *nigidius.* Extrait d'un texte où le nom traditionnel du défendeur était au nominatif, comme cela se présente dans la stipulation aquilienne, *Inst.*, 3, 29, 2, mais aussi dans la formule donnée contre le *sponsor* de Gaius, 4, 137 (Lenel, § 55) et sans doute même auparavant dans celle de l'action de gestion d'affaires (**v.** la restitution de Lenel, § 35, p. 104).

60. (O 15) (43) T *O. O. T.* T *textura.* Cf. D. 34, 2, 16 : ... *uti* ORNAMENTA *mea* OMNIA *aurum argentum uestimenta.* Huschke rapproche comme les parties d'un même tout les n°s 79 (*praecipito sumito tibique habeto*), 60 (*omnia ornamenta omnia texta*) 137 (*vestem mundum muliebrem*) et 133 (*tegulas testas aurum argentum*).

61. (O 16) (72) Huschke ajoute *E. R. P. ea res pertinet* (*satisdatio* de l'adrogeant de l'impubère, D., 1, 7, 19).

62. (O 18) (6) T *ea* E *ream*, quoique l'édition Mommsen donne à tort *rem* qui est seulement dans T. Peut appartenir au § des actes législatifs (cf. *lex de Gallia cisalpina*, c. 20, ligne 45) ou à celui des *legis actiones* (formule de la *legis actio per manus iniectionem* dans Gaius, 4, 21, etc. : OB EAM REM *ego tibi... manum inicio*) ou à celui des abréviations édictales (formule de l'action *ex stipulatu* de Gaius, 4, 136, Lenel, § 55 ; restitution de l'action de gestion d'affaires de Lenel, § 35, etc.).

63. (O 19) Probus, 2, 12 : *OP. opiter.*

64. (O 20) (19) E T *ore* E *concilio* T *consilia.* Formule de l'action *furti nec manifesti* (Lenel, § 123) dans Gaius, 4, 37 : *si paret* OPE CONSILIOUE.

65. (O 21) (55) E T *opera.* Huschke et Krueger renvoient à D. 38, 1, 7, 3, obligeant l'affranchi à jurer OPERAS DONUM MUNUS et 37, *pr.* contenant les mots de la loi Julia ou Papia OPERAS DONUM MUNUS. Peut aussi bien venir de l'édit, par ex. au § 140 de Lenel.

66. (O 22) (8) E *O. F. F. B.* E *et* Peut-être corruption de la formule des actions de bonne foi où il y a (Gaius, 4, 47) OPORTET (et non *oportebit*) EX FIDE BONA.

67. O · O · oportet oportebit.

68. O · F · ostia fenestrae.

* 69. P · C · pecunia constituta.

E f. 7 r⁰ col. 1   70. P · A · pluuiae arcendae.

* 71. P · P · possideri proscribi.

72. P · D · E · possessio data est.

* 73. P · R · E · post reges exactos.

* 74. P · Q · R · populusque Romanus.

E f. 7 r⁰ col. 2   * 75. P · I · R · populu*m* iure *roga*-
uit.

* 76. P · R · possessori redditum.

* 77. PR · TR · PL · praetores tribuni plebis.

* 78. PR · I · A · praetor iudicem
arbitrum.

E T

67. (O 23) (7) Omis par T. P. Krueger rapproche la formule de la stipulation aquilienne, *Inst.*, 3, 29, 2 : *Quidquid te mihi... dare facere* OPORTET
OPORTEBIT.

68. (O 24) (73) E omet *ostia* T *fenestra*. Huschke avait suppléé la solution
ostia omise dans E et désormais établie par T. Il corrige gratuitement *ostia
fenestras* en invoquant *D.*, 19, 2, 25, 2. Seckel et Kuebler citent en outre,
D., 6, 1, 59.

69. (P 12) E. *paecunia*. Probus, 5, 14 : *P. C. pecunia constituta*. Rubrique,
venant sans doute de celle de l'édit (Lenel, § 97), de *D.*, 13, 5, *De* PECUNIA
CONSTITUTA.

70. (P 23) (60) T *pluuie arcende*. Rubrique, venant sans doute de l'édit
(Lenel, § 177), de *D.*, 39, 3, *De aqua et aquae* PLUUIAE ARCENDAE.

71. (P 24) Probus, 5, 24 : *P. P.* sans la solution. V. Lenel, § 202.

72. (P 35) (33) T *dicta*. Déjà rattaché par Huschke à l'interdit *quorum bonorum* (Lenel, § 227) qui porte (*D.*, 43, 2, 1, *pr.*) : *Quorum bonorum ex edicto
meo illi* POSSESSIO DATA EST... V. les nᵒˢ 8 et 100. Seckel et Kuebler renvoient en outre à *D.*, 44, 1, 20.

73. (P 36) E *exactor*. Probus, 2, 14 : *P. R. E. post reges exactos*.

74. (P 37) Probus, 2, 16 : *S. P. Q. R. senatus populusque romanus*.

75. (P 38) E T *populus* E *iurabit* T *iurauit*. Probus, 3, 1 : *P. I. R.* (V
omet *R*)... *populum* (C *populus*) *iure rogauit* (V omet *rogavit*)...

76. (P 39) E *redditam*. Probus, 3, 15 : *V. P. R. ueteri possessori redditum*.

77. (P 45) T *pretores*. Probus, 3, 24 : PR. TR. PL... *praetores tribuni
plebis...*

78. (P 46) E *praeter* T *pretor* T *iudice in arbitrium*. Probus, 4, 8 : *T.
PR.* (V M omettent *PR.*) *I. A... temptor* (ACV ; M *tentor* corrigé en *lento*)
iudicem arbitrum. V. nᵒ 130.

79. P · · S · T · Q · H · praecipito
sumito tibique habeto.

E f. 7 v° col 1 T f. 31 v° * 80. P · P · L · V · pro praede
litis uindiciarum.

81. P · P · D · pro parte dimidia.

82. P · P · V · pupilluspupillaue.

E f. 7 v° col. 2 * 83. Q · N. quando negas.

* 84. Q · I · I · T · C · quando in
iure te conspicio.

* 85. Q · B · F · quare bonum factum.

* 86. Q · E · R · E · quanti ea res
erit.

87. Q · D · R · A · qua de re agitur.

88. Q · M · E · quae mea est.

* 89. Q · S · S · S · quae supra
scripta sunt.

E T

79. (P 47) (41) T *P. S. T. Q.* N. Cf. Gaius, 2, 216. V. n°s 60 et 136.

80. (P. 75) E *P. P. L. V. P. P. T.* E *prope delicius* T *pro preda* E T *uindicarium.* Probus, 5, 22 : *P. P. L. V. pro predi* (A C; *pro praedi* M; *pro pre* Marucell.) *uindicarium* (M *uindiciarum*).

81. (P 76) (25) T *partis dimidium.* Cf. Lenel, *Ed.,* § 97 (*sponsio et resti-pulatio dimidiae partis*).

82. (P 78) (67) E *puplius* T *pupille.* Cf. Lenel, *Ed.,* § 209, où l'édit *D.,* 28, 8, 7, *pr.* porte *si pupilli pupillaeue nomine postulabitur tempus ad deliberandum,* et où la rubrique peut avoir été *si pupillus pupillaue* (Lenel : *si pupillus*) *heres erit.*

83. (Q 22) Probus, 4, 2 : *Q. N... quando negas...*

84. (Q 23) E *iura et rex* E T *conspicis.* Probus, 4, 7 : *Q. I. T. C... quando in iure te conspicio.*

85. (Q 24) Probus, 4, 11 : *Q. B. F. quare* (V; A *quere*; C M *quaere*) *bonum factum.*

86. (Q 25) T *eas.* Probus, 5, 8 : *Q. E. R... quanti ea res erit.* V. les n°s 127 et 5.

87. (Q 26) (4) V. par ex. les formules de l'interdit *quod vi aut clam* (Lenel, § 256) *D.,* 24, 48, 1, *pr.,* des interdits restitutoires et prohibitoires donnés en matière d'*operis novi nuntiatio* (Lenel, § 257), *D.,* 39, 1, 20 *pr.* et 20, 9, et de l'interdit *de precario* (Lenel, § 258), mais aussi la restitution de la formule de l'action de gestion d'affaires (Lenel, § 35).

88. (Q 29) (74) E *quem* T *que.* Edit sur le *damnum infectum* (Lenel, § 175) *D.,* 39, 2, 7, *pr.* : ... *cuius de ea re iuris dictio fuit* QUAE MEA EST. V. les n°s 58 et 119.

89. (Q 30) E T *que.* Probus, 5, 9 : *Q. S. S. S. quae* (A *que*) *supra scripta*

90. Q · Ṡ · S · S · quae infra scripta sunt.

91. Q · A · M · quem ad modum.

E f. 8 r° col. 1   92. Q · S · S · E · quid sacri sancti est.

93. Q · P · N · M · C · quod pondere numero mensura continetur.

94. Q · N · I · S · R · quod non iure sit rogatum:

95. Q · D · E · R · quid de ea re.

96. Q · F · E · quod factum est.

E f. 8 r° col. 2   97. Q · R · F · E · V · quod recte factum esse uidebitur.

98. R · R · P · rebus recte praestari.

99. R · N · rerum nouarum.

100. R · A · Q · E · I · E · restituas antequam ex iure exeas.

E T

sunt. Edit sur le *damnum infectum* municipal (Lenel, § 3), Ulpien, *ad ed.*, *D.*, 39, 2, 4, 7 : *In eum qui quid eorum* QUAE SUPRA SCRIPTA SUNT *non curaverit.*

90. (Q 31) (27) V. p. 490, n. 1.

91. (Q. 38) E *Q. N. M.* Probus, 5, 20 : *Q. A. M.* (M V *Q. A.*) *quem ad modum.*

92. (Q. 53) T *qui* E *sacris sanctis.* Probus, 3, 14. V. n° 121.

93. (Q 61) (56) E *Q. P. M. M. C.* E *mensuram.*

94. (Q. 62) Probus, 3, 14 : ...*Q. N. I. S. R. quod no\ iure sit rogatum.* V. n° 121.

95. (Q 63) T *R E* E *quod ea* T *qua de.* Probus, 3, 20 : *Q. D. E. R.* (M AC *Q. E. D. R.*)... *quod de ea* (M; A C *quod ea de) re...* V. les n°ˢ 6 et 144.

96. (Q 64) E *siccatum.* Probus, 3, 21 : *Q. F. E. quod factum est.*

97. (Q 65) E *tractatum.* Probus, 5, 23 : *Q. R. F. E. V. quod· recte factum esse uidebitur.*

98. (R 5) (58) T *R. R. P.* T *presta.* Mommsen rapproche les formules de stipulations citées *D.*, 6, 1, 19. 50, 16, 71, 1. Seckel et Kuebler ajoutent *D.*, 21, 1, 21, 2 et adoptent la correction de Huschke : *H. R. R. P. his rebus recte praestari*; mais, l'extrait ne peut pas avoir jamais contenu l'initiale H puisque sans cela il eût été à la lettre H et non à la lettre R.·

99. (R 6) (75) Huschke rapproche *F. V.*, 67.

100. (R 7) (70) Dernier article de Probus conservé par T. E *restitutus* E *iurae.* Formule des interdits restitutoires, par exemple de l'interdit *quorum bonorum* (Lenel, § 227)? Cf. Lenel, *Ed.*, pp. 431-432 et Gaius, 4, 164.

101. R · S · recuperatores sun*to*.

102. R · R · recte recipitur.

* 103. R · R · L · I · rem*ps* res lex
ius.

* 104. R · F · E · recte factum *esse*.

105. R · P · C · S · D · M · *rei*
pu*b*licae causa *sine dolo* malo.

E f. 8 v° col. 1   106. R · R · E · P · Romae rec*te*
experiri possit.

* 107. S · S · C · secundum suam causa*m*.

* 108. S · C · P · S · senatus consultum plebis scitum.

* 109. SEX · Sextus.

110. S · P · M · Sexti Pedii Med-
*m*ani.

111. S · *L* · P · H · A · secundum *legem* publicam hoc aere.

E

101. (R 10) (2) E *reciperatores sunt*. Formule de nomination des récupé-
rateurs, Gaius, 4, 45 : RECUPERATORES SUNTO, etc.

102. (R 11) (30) Edit sur le *receptum argentarii* (Lenel, § 50)?.

103. (R 12) E *rem rex*. Probus, 3, 3. V. le n° 120.

104. (R 13) E omet *esse*. Probus, 3, 9 : *Q. E. R. F. E. D. quod eius recte
factum esse dicetur*.

105. (R 14) (68) E *res puplice* E *se damno*. Huschke qui considère *se* non
pas comme une corruption, mais comme un archaïsme effacé par Julien, a
rapporté cet article à l'édit sur l'exécution (Lenel, § 205), *D.*, 42, 4, 61 : *bona
ueneant praeter quam pupilli et ejus qui* REI PUBLICAE CAUSA SINE DOLO MALO
afuit.

106. (R 31) (21) E *recee*.

107. (S 21) E *causa*. Probus, 4, 6 : *S. S. C... secundum suam causam*. Cf.
Gaius, 4, 16 : *Hunc hominem meum esse aio* SECUNDUM SUAM CAUSAM.

108. (S 23) Probus, 3, 18. 19 : *S. C. P. S. senatus consultum plebi scitum*.

109. (S 24) Probus, 2, 10 : *SEX. sextus*.

110. (S 25) (77) E *sextii* E *mediuani*. Mommsen avait déjà remarqué qu'aucun obstacle chronologique n'empêchait de reconnaître là le jurisconsulte
Pedius. Huschke a proposé de corriger *mediuani* en *medmani* en entendant
ce mot de Medma ou Meduma, dans le Bruttium, qui serait indiqué par là
comme la patrie de Pedius. En sens contraire, Kalb, *Iahresberichte* de Bursian, CXXXIV, 1907, p. 61.

111. (S 26) (34) E omet *L* et *legem* que Mommsen a ajoutées en reconnaissant là un débris du discours du *familiae emptor* de Gaius, 2, 104 : *... quo tu*

112. S · P · S · Q · H · sine prae-
sumere sibique habere.

113. S · P · si parret.

* 114. S · N · S · Q · si negat sacramento quaerito.

* 115. S · I · A · sine tutoris auctoritate.

E f. 9 rᵒ col. 1 * 116. S · D · E · I · V · sicut dixi
ecce tibi uindictam.

117. S · N · P · Q · Λ · D · si
non plus quam magnus.

118. S · N · P · A · si non parret
absoluito.

119. S · D · E · R · Q · D · A ·
si de ea re qua de agitur.

E

iure testamentum facere possis SECUNDUM legem PUBLICAM HOC AERE esto mihi
empta. E puplicam.

112. (S 32) (40) E S. N. P. M. S. R. S. S. Q. N. E praesummere. Mommsen rapproche la formule du legs sinendi modo de Gaius, 2, 209 : heres meus
damnas esto sinere... SUMERE SIBIQUE HABERE ; Huschke propose, en pensant
que le copiste a pris un R pour un P : sinito rem sumere sibique habere.
Peut-être pourrait-on aussi bien, puisque les initiales abréviatives sont sûrement brouillées, admettre une copie défectueuse d'un manuscrit portant la
coupure SINERE (ou sine raž ; v. le nᵒ 84) SUMERE SIBIQUE HABERE absolument
comme dans Gaius.

113. (S 33) (11) E sine. V. Gaius, 4, 4, etc. : SI PARET.

114. (S 34) E querito. Probus, 4, 5 : S. N. S. Q. si negat sacramento
quaerito (V Q. S. quaerito sacramento).

115. (S 35) E ā auctoritate. Probus, 5, 16 : S. T. A. sine tutoris aücto-
ritate.

116. (S 36). E sīc dixisti E ibi uindicta. Probus, 4, 6 : ... S. D. E. T. V. ...
sicut (M siculi) dixi ecce tibi uindicta. Cf. Gaius, 4, 16 : SICUT DIXI ECCE TIBI
UINDICTAM imposui.

117. (S 27) (76) Mommsen a conjecturé qu'il s'agit là du taux du sacramen-
tum (Gaius, 4, 16) et, en conséquence, Krueger a proposé de remplacer magnus par mille aeris. Huschke a corrigé Λ. D. et magnus en M. A. et mille
asses en invoquant la loi Furia testamentaria (Gaius, 2, 225).

118. (S 38) (12) E parre. Cf. Gaius, 4, 43 : si non paret absolue... SI NON
PARET ABSOLUITO.

119. (S 39) (10) E S. O. E. R. Q. O. A. Edit sur le damnum infectum (Lenel,
§ 175) D., 39, 2, 7, pr. : SI DE EA RE ex decreto meo. Cf. les nᵒˢ 58 et 88.

           * 120. S · R · L · R · I · si rem*ps*
                lex *res* ius.

           *·121. S · Q · S · S · E · si qui*d*
                sacri sancti est.

            122. S · Q · M · M · M · M ·
                M · si quis manu mis*sus* manu
                missa moritur.

          * 123. S · N · L · soci*i* nominis La-
                tini.

E f. 9 r° col. 2   124. S · S · S · supra scripti sunt.
          * 125. S · S · scripta sunt.
          * 126. SP · Spurius.
          * 127. T · P · tantae *pecuniae*.
E f. 9 v° col. 1 * 128. T · M · D · te mihi dare opor-
                tere.

            129. T · M · D · F · O · te mihi
                dare facere oportere.

         * 130. T · PR · I · I · A · te prae-
                tor iudicem arbitru*m*.

            131. T · C · testamenti causa.
               E

120. (S 40) E *S. R. L. R. R. I.* E *rem lex sex.* Probus, 3, 3 : *S. R. L. R...* *si rem lex rex* (V *res* M *ex*) *eius...* V. les n°s 40 et 103.

121. (S 41) E *quis.* Probus, 3, 14 : *S. Q. S. S. E... si quid sacri* (M *quis sacro*) *sancti est.* V. le n° 92.

122. (S 42) (51) E *manunumisit.* Mommsen corrige *manumissus* en reconnaissant là les premiers mots de l'édit *de bonis libertorum* (Lenel, § 155).

123. (S 47) E *sociis.* Probus, 2, 24 : *S. N. L. socii* (A C *sotii*) *nominis latini.*

124. (S 64) (26) L'édit *qui pro aliis ne postulent* (Lenel, § 15) porte, *D.,* 3, 1, 1, 1 : *Qui ex omnibus qui* SUPRA SCRIPTI *sunt in integrum restitutus non erit*; mais ces mots insignifiants peuvent encore s'être trouvés en bien d'autres lieux.

125. (S 65) Probus, 5, 9. V. le n° 89.

126. (S 69) Probus, 2, 9 : *SP. Spurius.*

127. (T 3) E *tanta prouincia.* Rattaché par Mommsen et par tous au passage de Probus, 3, 8 : *T. P. tantae pecuniae.*

128. (T 13) E *T. M. D. D.* Probus, 4, 1 : *A. T. M. D. O. aio te mihi dare oportere.* V. n° 49.

129. (T 14) (13).

130. (T 15) E $\overline{te}$ $\overline{prcor}$ E *arbitrus.* Probus, 4, 8. V. le n° 78.

131. (T 16) (47). V. le n° 14.

<table>
<tr><td></td><td>132. T · T · A · A · A · tegulas
testas aurum argentum aes.</td></tr>
<tr><td></td><td>133. T · Q · H · tibique habeto.</td></tr>
<tr><td>E f. 9 v° col. 2</td><td>*134. T · A · tutore auctore.</td></tr>
<tr><td></td><td>135. V · F · I · uadimonium fieri
iubere. </td></tr>
<tr><td></td><td>136. V · M · M · uestem mundum
muliebrem.</td></tr>
<tr><td></td><td>*137. V · A · ueterano adsignatum.</td></tr>
<tr><td></td><td>*138. V · Q · I · uenirique iubebo.</td></tr>
<tr><td>E f. 10 r° col. 1</td><td>*139. V   B · A · uiri boni arbitratu.</td></tr>
<tr><td></td><td>140. V · F · V · uim fieri ueto.</td></tr>
<tr><td></td><td>141. V · R · C · uindicta recte ne-
empet.</td></tr>
<tr><td></td><td>142. V · I · I · uidebitur in inte-
grum.</td></tr>
<tr><td></td><td>143. V · V · C · uolo uos curare.</td></tr>
<tr><td></td><td>*144. V · I · C · uniuersi ita censue-
runt.</td></tr>
<tr><td></td><td>145. V · R · urbis Romae.</td></tr>
</table>

Ⅲ

132. (T 17) (45). V. le n° 60. Seckel et Kuebler conjecturent que le copite a par erreur fusionné les deux articles de Probus *T. T. tegulas testas* (cf. *D.*, 47, 3, 1, 1) et *A. A. A. argentum aurum aes.*

133. (T 27) (42). V. le n° 79.

134. (T 34) E *tutorem auctorem.* Probus, 5, 17 : *T. A. tutore auctore.*

135. (V 4) (63).

136. (V 10) (44) E *ueste munda.* V. le n° 60.

137. (V 11) Probus, 3, 16 : *V. A. ueterano adsignatum.*

138. (V 12) Probus, 5, 24 : ...*V. Q. P. P.* sans la solution des abréviations.

139. (V 23) E *uir.* Probus, 5, 4 : *V. B. A. uiri boni arbitratu.*

140. (V 24) (65) Formule des interdits prohibitoires (Gaius, 4, 160, etc.), VIM FIERI VETO.

141. (V 25) (50) Mommsen conjecture une coupure d'une formule : *cui ex testamento libertas uindicta recte competet.*

142. (V 26) (69) E *uindebitur.* Edit sur l'*in integrum restitutio* des majeurs (Lenel, § 44), *D.*, 4, 6, 26, 9 : *si qua alia iusta causa esse* UIDEBITUR, IN INTEGRUM *restituam.*

143. (V 27) (39).

144. (V 28) E *universis E consuerunt.* Probus, 3, 20 : ...*V. I. C. ...uniuersi ita censuerunt.* V. les n°ˢ 6 et 95.

145. (V 30) (20). Mommsen, qui n'avait pas distingué cet article, dans son

III

Il resterait à dégager les informations nouvelles qui peuvent être tirées de la connaissance du ms. latin 4841.

Ces informations peuvent être cherchées d'abord évidemment quant aux articles du Probus alphabétique pour l'établissement du texte desquels nous avons désormais deux sources au lieu d'une; mais elles se rapportent aussi par contre-coup aux abréviations contenues dans le Probus systématique et même à l'histoire générale de la transmission du texte de Probus.

1. Si l'on rapproche d'abord les deux textes des extraits alphabétiques, ce rapprochement n'allonge pas sensiblement la liste des articles de Probus conservés par cette voie détournée, puisque le ms. de Paris, qui s'arrête avant l'endroit où finit celui d'Einsiedeln, au n° 100, et qui omet trois articles qui sont dans Einsiedeln, les n°⁵ 15, 26 et 67, ne donne qu'un article de plus qui n'est pas très important et que nous avons classé parmi ceux de Probus plutôt pour des raisons de méthode qu'en vertu d'une conviction absolue, le n° 36, *K. D. capite damnatus*. Mais le nouveau manuscrit a l'avantage, particulièrement considérable pour des extraits tels que ceux de Probus dont l'intérêt fondamental est d'être des extraits découpés littéralement sans mutation de genre ni de cas dans des documents perdus, de nous faire plus sûrement et mieux connaître la teneur de ces extraits, de remplacer à leur sujet en plus d'un point des probabilités par des certitudes.

En laissant de côté des variantes orthographiques tenant à ce que le scribe de Paris écrit *iuditium* au lieu de *iuidicium* (n°⁵ 31,33), une fois *eres* au lieu d'*heres* (n° 50) et remplace le plus souvent les *ae* de l'original par des *e* simples, tandis que celui d'Einsiedeln met parfois à l'inverse des *ae* où il n'en faut pas (n°⁵ 55, *praecari*, 69, *paecunia*, 100, *iurae*), — comme faisait

---

éd. des notes d'Einsiedeln, à la lettre V, n° 28, par les capitales dans lesquelles il imprime les articles attribués par lui à Probus, l'a inscrit sous le n° 20 dans son éd. des extraits de Probus d'où il a passé dans toutes les éditions subséquentes. C'est, je crois, avec raison. V. le commentaire des deux mots dans Paul, *1 ad ed.* (*D.*, 50, 16, 2 *pr.*) et mes observations, *N. R. H.*, 1904, pp. 143-144.

probablement d'ailleurs déjà le manuscrit qu'il copie, à en juger d'après le n° 84 (Probus, 4, 7), où le texte *quando in iura et rex* vient probablement d'un modèle où il y avait *quando iniuraete* et où on a lu *quando iniuraetr(ex)* — et remplace les formes latines correctes *calumniae, mihi, perendinus* par les formes barbares *calumpniae* (n°s 35, 58), *michi* (n°s 49, 50), *perhendinus* (n° 27), on peut d'abord remarquer que l'exactitude relative des deux copies est attestée par le fait qu'elles présentent une quantité respectable d'articles dans une forme identique : les n°s 1, 7, 8, 11, 12, 17, 18, 20, 22, 31, 32, 34, 35, 38, 39, 43, 44, 50, 51, 55, 56, 57, 59, 61, 63, 65, 69, 70, 71, 74, 77, 83, 85, 87, 89, 90, 94, 99, soit 38 articles sur les 96 qui restent après ablation des n°s 15, 26 et 67 propres à Einsiedeln et du n° 36 propre à Paris.

En outre le ms. de Paris présente un certain nombre de leçons meilleures, parfois beaucoup meilleures que celle du ms. d'Einsiedeln, ainsi évidemment au n° 68 où Einsiedeln ne donnait que les initiales. *O. F.* et la solution *fenestrae* et où il fournit le substantif conjecturé *ostia*, au n° 100 où il donne pour la formule importante et connue seulement par le Probus alphabétique *restituas antequam ex iure exeas* la forme correcte *restituas* au lieu du participe dénué de sens *restitutus* d'Einsiedeln, mais en beaucoup d'autres endroits où il rend certaine la bonne leçon jusqu'à présent seulement conjecturée. On peut relever aux n°s 5 *potestatem* (E *potestas*), 9 *doloue* (E *dolo uel*), 16 *esse dicetur* (E *est dicen* avec deux signes abréviatifs), 19 *recundis* pour *regundis* (E *regnandis*), 33 *solui* (E *soluit*), 37 *romani* (E *romanorum*), 40 *ius* (E *iustus*), 41 *lege* (E *legem*), 45 *manu* (E *manum*), 53 *M. E M.* (E *M. E. N.*), 62 *rem* (E *ream*), 66 *ex fide bona* (E *et fide bona*), 68 *ostia fenestra* (E *fenestrae*), 73 *exactos* (E *exactor*), 76, *redditum* (E *redditam*), 78 *praetor* (E *praeter*), 80 *P. P. L. V.* (E *P. P. L. V. P. P. T*) et *pro praeda litis* (E *prope delicius*), 82 *pupillus* (E *puplius*) 84 *in iure te* (E *in iura et rex*), 88 *quae mea,* (E *quem mea*), 91 *Q. A. M.* (E *Q. N. M.*), 92 *sacri sancti* (E *sacris sanctis*), 93 *mensura* (E *mensuram*), 96 *factum* (E *siccatum*), 97 *factum* (E *tractatum*), 100 *restituas* (E *restitutus*).

Ensuite, on doit évidemment considérer comme une augmentation de notre savoir et par conséquent comme un gain scien-

tifique que le ms. de Paris rende par sa contradiction en
quelques endroits incertaines des leçons d'Einsiedeln dont il n'y
avait pas ou il y avait moins lieu de douter tant qu'Einsiedeln
était seul, ainsi au n° 13 où Mommsen (n° 3 de son tableau)
n'avait pas osé écarter la leçon de E *ea res agitur* et où la
divergence de T qui donne *ea res agetur* est une raison de
plus de voir dans les deux textes des corruptions de la formule
de la *praescriptio pro actore : ea res agatur* rapportée par Gaius,
4, 31, et déjà reconnue là par Huschke ; ainsi au n° 52 où le
municep de T appuie la leçon *municeps* du Probus systématique, 2, 21, contre la leçon isolée de E *municipes* admise
par Mommsen ; ainsi aux n°ˢ 14 et 24 où on peut à la rigueur
aussi bien admettre *familia testamenti causa* et *heredeque meo*
avec T que *familiam testamenti causa* et *heredemque meum*
avec E, quoique nous penchions assurément pour les deux
dernières leçons que nous avons en conséquence accueillies
dans notre texte ; ainsi même peut-être au n° 95 où la cons-
truction *quid de ea re* nous semble la meilleure, mais où pour-
tant les deux meilleurs manuscrits du Probus systématique, A
et C, ont 3, 20, *QEDR quod ea de re*, E porte *QDER quod ea re*,
T donne *QDERE qua de re* et seulement M, le manuscrit de
l'humaniste Marcanova, *quid de ea re*.

Enfin sinon pour l'établissement direct du texte, au moins
pour la détermination de la valeur et des rapports des manuscrits existants ou disparus, il peut être utile de noter :

que le ms. de Paris présente des leçons fausses en face des
leçons justes d'Einsiedeln aux n°ˢ 3 *opera* (E *operas*), 4 *consilio* (E *consilii*), 6 *aere* (E *ea re*), 10 *consuetudinem* (E *consuetudine*), 21 *fraudari credit* (E *fraudare creditores*), 23 *heredes*
(E *heres*), 28 *is senatus* (E *in senatu*), 29 *quesitus* (E *quaesitos
quaesitas*), 30 *iuri* (E *iuris*), 42 *legatum* (E *lege actum*), 45 *conseruatum uocabit* (E *consertum*, puis *consertam, uocauit*), 46
malorum tuorum (E *malo tuo*), 47 *mancipo potestatem* (E *mancipio potestate*), 48 *aquius* (E *aequius*), 52 *mancipia* (E *municipia*), 53 *municus* (E *municipii*), 60 *O. O. T.* (E *O. O. T. T.*) et
textura (E *texta*), 62 *ea* (E *eam*), 72 *dicta* (E *data*), 78 *iudice in
arbitrium* (E *iudicem arbitrum*), 79 *N* (E *H*), 81 *partis dimidium* (E *parte dimidia*), 82 *pupille* (E *pupillaue*), 86 *eas* (E *ea*),
92 *qui* (E *quid*), 98 *R. R. R. P.* (E *R. R. P.*) et *presta* (E *praestari*);

que le ms. de Paris et le ms. d'Einsiedeln présentent des leçons différentes, mais également fausses aux nᵒˢ 13 (E *agitur* T *agetur* pour *agatur*), 27 (E *perhendinus* T *perendiu* pour *perendino*), 52 (E *municipes* T *mancipia* pour *municipia*), 53 (E *municipes* T *municep* pour *municipibus*), 64 (E *concilio* T *consilia* pour *consilio*), 75 (E.*iurabit* T *iurauit* pour *rogauit*) ;

que les mss. de Paris et d'Einsiedeln présentent des leçons concordantes, mais fausses aux nᵒˢ 1 (*DDDM* pour *DDD*, *deperit* pour *deperiit*), 2 (*male* pour *malo*), 5 (*facit* pour *faciam*), 11 (*est* pour *esto*), 27 (*tertio* pour *tertium*), 30 (*dicendi* pour *dicundi*), 32 (*uidetur* pour *uidebitur*), 33 (*iudicium* pour *iudicatum*), 38 (*colonarii* pour *coloniarii*), 40 (*rex* pour *res*), 54 (*municipii fores* pour *municipii coloniae fori*), 55 (*precari* pour *precario*), 59 (*Nigidius* pour *Negidius*), 64 (*ore* pour *ope*), 65 (*opera* pour *operas*), 75 (*populus* pour *populum*), 80 (*uindicarium* pour *uindiciarum*), 84 (*conspicis* pour *conspicio*).

2. L'adjonction du texte de Paris à celui d'Einsiedeln du Probus alphabétique n'est pas non plus sans avoir son résultat pour la connaissance du Probus systématique.

Ainsi que nous l'avons montré ailleurs (1) pour la partie édictale dont les 24 abréviations remplissent le § 5 du Probus systématique, les abréviations sont disposées là dans l'ordre où l'abréviateur les a trouvées dans un commentaire de l'édit antérieur à Julien, probablement dans celui de Sextus Pedius, où les édits au sens étroit se suivaient déjà sensiblemer, dans lé même ordre que dans l'édit de Julien, si les formules d'actions étaient encore rejetées dans un appendice symétrique à ceux où sont encore dans l'édit de Julien les formules d'exceptions, d'interdits et de stipulations prétoriennes : en premier lieu, abréviations prises au titre I consacré à la juridiction municipale de la numération de Lenel et relatives les nᵒˢ 1-6 au § 1 de ce titre, le nᵒ 8 au § 2, les nᵒˢ 9-11 au § 3 ; puis, en sautant par suite de la perte d'un ou plusieurs feuillets les titres II à IX, abréviations tirées du titre X, *De in integrum restitutionibus* où les nᵒˢ 12-13 se rapportent à la *restitutio in integrum ob fraudem*, les nᵒˢ 16-19 à la restitution contre les actes du *falsus tutor* ; enfin, nᵒˢ 20-24, abréviations prises au

____

(1) *Aus Römischem und Bürgerlichem Recht*, 1907, pp. 20-39.

titre XII, *De satisdando,* auquel s'arrête le manuscrit dont a
péri la .fin. Une restitution analogue ne serait pas plus impossible pour l'ouvrage différent sur les *legis actiones* duquel ont
été tirées les 10 abréviations du § 4 relatif aux *legis actiones,*
ni même peut-être pour celui sur les actes législatifs dont ont
été tirées les abréviations du § 3.

D'autre part, ainsi que je l'ai expliqué au même lieu (1), les
abréviations conservées en dehors de leur ordre systématique dans le Papias élargi se répartissent aisément entre ces trois
derniers §§ du Probus systématique et se révèlent même par ce
classement comme venant d'un manuscrit du Probus systématique plus complet que ceux que nous avons aujourd'hui, d'un
manuscrit du Probus systématique qui renfermait plus d'articles
que ceux-là soit au § 3 des actes législatifs, soit au § 4
des *legis actiones,* soit au § 5 des abréviations édictales où ce
manuscrit, au lieu de s'arrêter au titre XII de Lenel, s'étendait
à tout l'édit et même à ses appendices, mais avait déjà perdu
les feuillets intermédiaires dont le texte manque dans nos
manuscrits actuels du Probus systématique.

Cette démonstration faite pour le recueil alphabétique représenté par le manuscrit d'Einsiedeln reste vraie pour le recueil
alphabétique représenté par les manuscrits d'Einsiedeln et de
Paris. Mais la présence du manuscrit de Paris à côté de celui
d'Einsiedeln donne des aspects nouveaux et des clartés nouvelles aux conclusions qu'on peut tirer, quant aux abréviations
des extraits alphabétiques qui se rapportent aux articles conservés du Probus systématique, de la concordance ou de la
discordance des versions.

En prenant les 45 abréviations qui se retrouvent dans le
Probus systématique (il y en a en tout 66, mais les 21 dernières ne sont toujours que dans le manuscrit d'Einsiedeln),
nous avons d'abord déjà remarqué que le ms. de Paris T qui
donne au n° 52 *municep* appuie ainsi la leçon de Probus systématique, 2, 21, *municeps* contre la leçon isolée de E *municipes* admise par Mommsen.

Nous ajouterons que T vient de même appuyer contre E les
leçons du Probus systématique, 2, 14, *exactos* (n° 73), 3, 14,

(1) *Op. cit.,* pp. 49-56.

sacri sancti (n° 92), 3, 15, *redditum* (n° 76), 4, 4, *manu* (n° 45), 4, 7, *in iure te* (n° 84), 5, 18, *dicetur* (n° 16), 5, 20, *Q. A. M.* (n° 91), 5, 22, *P. P. L. V.* (n° 80), 5, 23, *solui* (n° 33), si naturellement E défend en quelques endroits contre ses corruptions le même texte du Probus systématique (n°ˢ 4, *consilii*, de 3, 23 ; 21, *fraudare creditores* de 5, 13 ; 28, *in senatu* de 3, 22 ; 45, *consertum* de 4, 4 ; 49, *oportere* de 4, 1 ; 78, *judicem* de 4, 9 ; 92, *quid* de 3, 14) et s'il y a même un article, le n° 29, *iustis nuptiis quaesitos quaesitas* où la bonne leçon *quaesitas* est exclusivement représentée par E en face de T qui omet le mot et des mss. du Probus systématique, 3, 13, qui donnent *quaesitus* (A C M *quesitus* V *quaesitus*) ; — qu'en un autre endroit, au n° 45, le même ms. de Paris T vient fortement appuyer la bonne leçon *quare* représentée dans les mss. du Probus systématique, 4, 11, seulement par V et le ms. de la Valicellane en face de A (*quaere*) et de CM (*quere*).

Il faut surtout souligner que le nouveau manuscrit représente seul et pour la première fois, en face des manuscrits du Probus systématique aussi bien que du manuscrit d'Einsiedeln, les bonnes leçons *cives romani* au n° 37, *latini prisci cives romani* où E donnait *romanorum* et le Probus systématique, sauf dans la copie plus suspecte de correction moderne de l'humaniste Marcanova, *cives romanus*; *lex res ius* au n° 40 où E a *iustus* et Probus, 3, 3, *eius*; *praetor* au n° 78, *praetor iudicem arbitrum* où E donnait *preter* (et au n° 130 *precor*) et où Probus, 4, 8, remplaçait *te praetor* par les corruptions *temptor* (ACV) ou *tentor* (M).

Enfin il n'est pas moins intéressant, pour l'histoire de la transmission du texte, de signaler que les deux manuscrits du Probus alphabétique et tous les manuscrits du Probus systématique présentent, outre l'orthographe commune *cohercendis* à l'article *lex iulia de adulteriis cohercendis* du n° 39 et du § 3, n° 4, des défectuosités communes caractéristiques dans l'article *latini coloniarii* où le Probus systématique, 2, 23, et le Probus alphabétique, n° 38, ont, pareillement *colonarii*, dans la finale *denuntiandi potestatem faciam* où le premier 5, 8, et le second, n° 5, ont également *facit*, dans l'article *pro praede litis vindiciarum* où le premier, 5, 22, et le second, n° 80, ont l'un et l'autre *vindicarium*, dans celui *iudicatum solui* où le premier, 5, 23, et le second, nʳ 33, donnent uniformément *iudicium*, enfin dans la formule *municipibus ejus municipii dare damnas esto* où le terme correct *municipibus* est, aussi bien dans le premier, 3, 7, que dans le second, n° 53, remplacé par des corruptions diverses.

3. Il faut encore voir comment le manuscrit de Paris s'intercale dans cette histoire de la transmission du texte de Probus que personne n'a jusqu'à présent entrepris de retracer, mais dont les grandes lignes peuvent déjà être dessinées avec certitude à l'aide des données présentement acquises.

Le manuscrit de Paris et le manuscrit d'Einsiedeln, qui ne viennent pas l'un de l'autre pour les raisons qui ont été dites plus haut, viennent l'un et l'autre d'un même exemplaire du recueil de Papias dans lequel on avait intercalé à leur rang alphabétique un nombre respectable d'articles extraits du Probus systématique : la preuve en est que les intercalations sont pour ainsi dire absolument identiques dans les deux textes, tandis qu'elles seraient très différentes s'ils provenaient de choix indépendants.

Proviennent-ils directement de cet exemplaire? Un argument sérieux porterait à en douter. Le manuscrit d'Einsiedeln vient d'un manuscrit où le recueil commençait au milieu de la lettre C, sous la rubrique *Incipiunt notae Iulii Caesaris*, manuscrit que Mommsen a pensé en conséquence être un manuscrit de la bibliothèque du couvent de Reichenau qu'un catalogue de la bibliothèque de ce couvent dressé avant 842 par le bibliothécaire Reginbert (1) signale (2) sous le n° 6 comme contenant

(1) Mommsen, *Grammatici Latini*, IV, p. 315, le place en l'an 846, qui est l'année de la mort de Reginbert (Jaffé, *Bibliotheca rerum Germanicarum*, III, 1866, p. 425, n. 3). Plus exactement il est antérieur à la fin de l'an 842 où mourut Ruadhelmus, le dernier abbé sous lequel Reginbert écrit avoir copié ou fait copier les manuscrits catalogués. V. en ce sens Becker à la p. 19 de l'ouvrage cité à la note suivante, Onont à la p. 135 de l'article cité plus loin et Mommsen lui-même, *Chronica minora*, 1, 1374, p. 363. Sur Reginbert, voir par ex. Wattenbach, *Deutschlands Geschichtsquellen*, 1, 1904, p. 275, et les renvois.

(2) G. Becker, *Catalogi bibliotecarum antiqui*, 1885, catalogue n° 10, pp. 19-24, déjà publié par Neugart, *Episcopatus constantiensis Alemannicus*, 1, 1, 1803, pp. 517-532, et Ziegelbauer, *Historia rei litt. ord Benedict.*, 1, pp. 569-572, d'après un *rotulus* selon Ziegelbauer, cité par Gottlieb, *Ueber Mittelalterliche Bibliotheken*, 1890, p. 384. Incomplet de la fin. La rubrique est : *Incipit brevis librorum quos ego Reginbertus indignus monachus atque scriba*

cette rubrique (1) et duquel il eût même pu se demander encore
s'il ne figurait pas déjà dans un autre catalogue de cette bibliothèque dressé en 821 (2) où le manuscrit n° 394 est signalé
comme contenant les *notae Iulii* (3). Au contraire le manuscrit
de Paris semblerait avoir été copié sur un modèle où le recueil
commençait également au milieu de la lettre C, mais sans titre
et à la suite du petit traité des abréviations d'origine grecque
employées par les grammairiens. Mais un fait qui n'a encore
été remarqué par aucun des éditeurs de Probus et qui n'est pas
intéressant que sous ce rapport, prouve, à mon avis, que les deux
manuscrits dérivent de celui de Reichenau.

Si la partie du manuscrit de Reichenau qui contenait les *no-
tae-Iulii Caesaris* semble définitivement perdue, le manuscrit
n'a pas péri tout entier. Il en subsiste encore des feuillets dé-
tachés qui ont passé de notre temps dans une vente publique et
qui ont été lus par un savant moderne. La vente est l'une des
ventes du fameux Libri, celle commencée à Londres le 28 mars
1859, dont le catalogue comprend, dans son appendice, cinq
feuillets de parchemin, dont il donne à la fois sous le n° 2112
une longue description et dans ses planches des spécimens aux
planches IV, XVIII et XIX (4). Le savant moderne est M. Omont,
qui a vu dans la bibliothèque de sir Thomas Philippe à Cheltenham sous le n° 18908 deux des cinq feuillets, parmi lesquels

*in insula coenobii vocabulo Sindleozes Auua sub dominatu Waldonis, Heitonis
Erelebaldi et Ruadhelmi abbatum eorum permissu de meo gradu scripsi aut
scribere feci, vel donatione amicorum suscepi.*

(1) G. Becker, p. 21, n° 6 : *In sexto libro comprehenduntur diversi versus et
nonnullorum hymni sanctorum et aliquorum* (Zieg. *aliorum*) *epitaphia sanctorum
et martyrologium cum computo et cyclo et versus de diebus et mensibus et XII
signis, et diversae glossae super istoriam veteris ac novi testamenti et super
alios quamplurimos libros et notae Iulii Caesaris et monogrammae diversae
et liber Plinii Secundi de natura* (Zieg. *naturis*) *rerum.*

(2) Becker, catalogue n° 6, pp. 5-13, publié d'après Neugart, pp. 536-544,
et en date de la 8ᵉ année de Louis le Pieux, que Becker place en 822, mais
qu'il faut, en commençant la première année en janvier 814, placer en 821 avec
Brambach, *Die Handschriften der Bibliothek in Karlsruhe*, I, 1891, p. 18.

(3) Becker, p. 12, n° 394 : *Item glossae in libros divinae historiae, et de
canone et regula glossae et versus diversi et notae Iulii in cod. I.*

(4) *Catalogue of the extraordinary collection of splendid manuscripts, chiefly
upon vellum formed by M. Guglielmo Libri*, London, 1859, pp. 245-246 et planches IV, XVIII et XIX.

celui reproduit en partie dans la planche XVIII, et qui en a
donné dans le *Bulletin de la société des antiquaires de France*
en 1889, une copie plus complète que la reproduction de la
planche XVIII (1). Libri, qui ne paraît pas avoir eu cette fois
ses motifs habituels de déguiser la provenance de la chose
vendue (car le feuillet reproduit à la planche XVIII est celui
dans lequel le copiste se faisait connaître et donnait le sommaire du manuscrit écrit par lui), l'attribuait dans sa notice à
quelque couvent d'Alsace (2). Le nom du copiste, qui est Reginbert, le bibliothècaire même de Reichenau duquel vient le catalogue cité par Mommsen, prouve surabondamment que ce feuillet tout au moins vient de Reichenau et les indications du sommaire, symétriques, sauf quelques variantes, à celles contenues
dans le catalogue (3), ont pour résultat de montrer que ce som-

(1) *Bulletin de la société nationale des antiquaires de France*, 1889, pp. 133-
136.

(2) Il est même piquant de remarquer qu'aux pages xii-xiii de son introduction Libri célèbre la découverte du nom de Reginbertus resté « complète-
ment oublié jusqu'ici » sans soupçonner quelle indication de provenance il
fournit.

(3) Le feuillet reproduit à la planche XVIII où la fin des lignes manque,
porte, d'abord, d'après le fac-similé de Libri et la transcription de M. Omont
et avec les compléments de M. Omont, le sommaire suivant : *In hoc corpore
continentur multa de quibus pauca nomina[nda] : I. In primis sunt diuersi
uersus a sanctis doctoribus aediti. II. Deinde aliquanti ymni in sanctorum et
nonnulla uirorum in la[udem]. III. Inter ea namque diuersi ad diuersos uersus
sunt scripti. IV. Postmodum chronica strictim uerbis composita ac postea uersus. V. Postea martyrologium ac pars cicli atque diuersi ad menses et dies. VI.
Deinceps glosae super canones ac regulam sancti Benedicti et diue[...] rum[...]
VII. Post modum glosae super uetus et nouum testamentum. VIII. Deinde iterum
glose diuersae super nonnullos sanctorum libros. VIIII. Postea de grecis litteris
et notis Iulii et monogrammis et [...]. X. Deinde nonnullae sententiae de multis
questionibus incogni[tis]. XI. Ad extremum libellus Plenii Secundi de diuersis
in orbe signis.* Ensuite vient, sur le fac-similé et dans la transcription de
M. Omont, la notice du copiste où les fins de lignes manquent également,
mais peuvent être complétées sûrement à l'aide de notices identiques d'autres manuscrits de Reichenau conservés aujourd'hui à Carlsruhe (*Die Handschriften der Bibliothek in Karlsruhe*, V. *Die Reichenauer Handschriften beschr.
und erlaütert von Alfred Hölder*, I, 1906, n° cix, pp. 281-284, et n° cxxxvi,
pp. 334-337, où manquent seulement les mots *principium et finis*) : *In nomine
dei patris et filii et spiritus sancti, α et ω, principium et [finis]. Hunc codicem
ego Reginbertus scriptor, seruorum dei [seruus], cum permissu et uoluntate
seniorum ad seruitium dei et sanct[ae Mariae] ceterorumque sanctorum qui-*

maire est celui du manuscrit décrit sous le n° 6 dans le catalogue de Reginbert (1). Ce n'est pas douteux et c'est important
à beaucoup de points de vue.

D'abord le fac-similé contenu à la planche XVIII présente des
particularités d'écriture qui expliquent parfaitement certains
des traits les plus caractéristiques du manuscrit d'Einsiedeln (2)
et qui renforcent en conséquence singulièrement la conjecture
de Mommsen selon laquelle les *notae Iulii Caesaris* du manuscrit d'Einsiedeln ont été copiées sur les *notae Iulii Caesaris*
du manuscrit de Reichenau. Mais, en outre, et surtout le sommaire contenu dans la planche XVIII et dans la transcription de
M. Omont me paraît prouver que le manuscrit de Paris, que
son écriture porterait à croire un peu plus ancien que celui
d'Einsiedeln et dont les fautes de lecture sont aussi nombreuses, mais moins caractéristiques que celles du manuscrit d'Einsiedeln, a été pareillement copié sur le manuscrit de Reichenau; car ce sommaire signale comme se trouvant dans le manuscrit avant les *notae Iulii* précisément les abréviations des

bus im *Auua seruitur, meo studio ac labor*[e confeci] *eumque usibus fratrum
inibidem famulantium aptari et conseruari d*[eposco] *perque deum optestor ut
nulli a quoquam extra monasterium donet*[ur aut prestetur] *nisi qui ibi fidem
et pignus dederit donec eum sanum et saluum suo loco* [restituat]. M. Omont
donne encore, sans doute d'après le verso de ce feuillet ou le feuillet suivant, les douze vers de Reginbert : *Metrum heroicum exametrum. Magno in
honore dei, domini genetricis et almae — Tolle, aperi, recita, ne ledas, claude,
repone*, qui sont reproduits par Duemmler, *Poetae Latini aevi Carolini*, II,
1884, p. 424, d'après Pez, *Thesaurus anecdot.*, I, 3, 655, mais qui sont aussi
dans le manuscrit de Reichenau n° CIX (Hoelder, p. 281). M. Omont paraît
considérer, p. 135, les deux feuillets de Cheltenham comme venant seuls de
Reichenau, à l'exclusion des trois feuillets contenant un glossaire latin-alle-
mand qui leur étaient joints dans le n° 1112 de Libri.

(1) V. en ce sens Wattenbach, p. 275, n. 2, Gottlieb, p. 357, Omont,
p. 135.

(2) Ainsi on trouve dans le mot *aediti* du sommaire un exemple des *ae* su-
perflus d'Einsiedeln, la forme des *s* explique la lecture *exactor* du n° 73 et
même il ne serait pas impossible d'y trouver (par exemple dans le *sp*(*i*)*r*(*itu s*)
de la notice) des *r* qui expliquent la corruption *dicen* du n° 16. A vrai dire,
il n'est pas sûr malgré l'affirmation de la notice que les *notae Iulii Caesaris*
aient été écrites de la main de Reginbert; car la même notice se trouve dans
le manuscrit de Reichenau n° CXXXVI qui est, dit Hoelder, p. 336, écrit par
le scribe de Reginbert et simplement corrigé par lui. Mais il est permis de
penser que l'écriture du scribe ne différait pas radicalement de celle de son
maître.

grammairiens grecs, les *notae graecorum* qui ne sont pas dans Einsiedeln et qui sont dans Paris (1). Cela ne permet guère de douter que les manuscrits d'Einsiedeln et de Paris viennent tous deux du manuscrit de Reichenau auquel ils ont pris tous deux le glossaire de Papias élargi, mais celui de Paris en omettant la rubrique et en prenant les *notae graecorum*, celui d'Einsiedeln en prenant la rubrique et en omettant les *notae graecorum*. Ensuite ce sommaire donne une raison nouvelle de penser que le manuscrit de Reichenau, qui figure sous le n° 6 dans le catalogue dressé par Reginbert au plus tard en 842, est celui qui figurait sous le n° 394 dans le catalogue antérieur de 821 ; car, dans la description sommaire de ce catalogue, on ne rencontre que des articles qui figurent dans notre manuscrit (2) et, si Mommsen n'y a pas reconnu les *notae Iulii Caesaris* parce qu'elles s'y appellent seulement *notae Iulii*, il n'y a plus de raison d'hésiter à les identifier depuis que l'on voit qu'elles sont aussi appelées *notae Iulii* tout court dans le sommaire placé en tête du manuscrit. Et cela conduit à donner une date un peu plus précoce au manuscrit qui a donc été écrit au plus tard en l'an 821, où Reginbert était d'ailleurs déjà à Reichenau ; car le titre de son catalogue de 842 au plus tard nous apprend qu'il appartenait déjà au couvent sous l'abbé Waldo mort en 813 (3). Il résulte encore de là que, si le glossaire élargi a pu commencer à l'origine à la lettre A, il devait sans doute seulement commencer à la lettre *C*, au mot *causa conventa esse*, dans la copie de Reichenau faite par Reginbert ou par ses soins comme dans les

---

(1) M. Gottlieb a remarqué la divergence qui sépare pour la citation de Pline le texte du catalogue (p. 513, n. 1) : *liber Plinii secundi de natura* (ou *naturis*) *rerum* de celui du sommaire (p. 514, n. 3) : *libellus Plenii Secundi de diversis in orbe incognitis* ; celle relative à la mention des *notae Iulii Caesaris* dans le catalogue et des *grecae litterae et notae Iulii* dans le sommaire est, je crois, restée inaperçue.

(2) Il suffit de rapprocher le n° 394 du catalogue de 821 (p. 513, n. 3) et le sommaire (p. 514, n. 3) pour retrouver les *versus diversi* de 394 dans les n°ˢ I et ss. du sommaire, les *glossae in libros divinae historiae* dans le n° VII, celles *de canone et de regula* dans le n° VI et les *notae Iulii* dans le n° VIII.

(3) V. le titre du catalogue p. 512, n. 2, et la date de la mort de Waldo dans Jaffé, *Bibliotheca rerum Germanicarum*, III, p. 703.

deux copies de cette copie faites au xe siècle par les auteurs du
manuscrit de Paris et du manuscrit d'Einsiedeln. Enfin je peux
noter tout de suite que tout cela rattache au manuscrit d'Einsiedeln ou à un manuscrit semblable perdu, mais non pas au
manuscrit de Paris ni à celui de Reichenau, les vestiges déna-
turés de Probus qui s'aperçoivent dans le *liber notarum* écrit
au xııe siècle par le moine du mont Cassin Pierre Diacre (1)
et que Mommsen écrivait avoir été tirés par Pierre Diacre
aut ipso Einsiedlensi codice aut plane gemello; car on trouve
dans Pierre Diacre la transposition que fait Einsiedeln et qui
n'était pas dans Paris ni par conséquent dans Reichenau à la
fin de la lettre F et au début de la lettre G et ses corruptions
mêmes paraissent avoir leur source dans des leçons d'Einsiedeln
qui ne sont pas dans Paris (2).

Quant au manuscrit du Probus systématique duquel ont été
tirées ces abréviations par l'auteur du Papias amplifié d'où viennent nos deux exemplaires, il présentait déjà, dans la partie édictale, la même solution de continuité venant de la perte d'un ou
plusieurs feuillets et les mêmes défectuosités caractéristiques de
certains articles que nous avons montré être communes aux manuscrits actuels du Probus alphabétique et du Probus systématique. Mais il est cependant distinct du manuscrit du Probus systématique qui fut, dans l'hypothèse de Mommsen, découvert au
xve siècle par Cyriaque d'Ancone et duquel en tout cas paraissent dériver tous nos exemplaires actuels de ce Probus systématique. Cela me paraît matériellement sûr, non pas parce que

(1) V. en dernier lieu sur ce fabricant de documents apocryphes, É. Caspar,
Petrus Diaconus und die montecasineser Falschungen, 1909. Le *liber notarum*
dont il écrit dans le catalogue de ses œuvres (*Monumenta Germaniae, scriptores*, VII, p. 795) que *ex paruo ampliorem effecit et Chuinrado imperatori de-
dicauit* paraît, comme l'indique Mommsen, *Gramm. Lat.*, IV, p. 331, être
enfermé entre 1138 et 1152 par cette dédicace à Conrad III dont le règne se
place entre les deux années 1138 et 1152. Mais cette délimitation précise
disparaît jusqu'à un certain point devant la constatation faite par M. Caspar,
p. 25, n. 5, que la mention de la dédicace est une addition faite par Pierre
Diacre dans sa seconde biographie.

(2) V. pour la transposition Mommsen, *Gramm. Lat.*, IV, p. 332. Pour les
corruptions, celle citée par Mommsen du n° 64 *ope consilio* se retrouve dans
T; mais par ex. au n°21, *fraudare creditores*, le texte de Pierre Diacre (F 64)
fraude credentes a pu venir plus facilement de E où il y a *fraudare creditores* que de I où il y a *fraudari credit*.

le Probus systématique duquel viennent nos extraits de Paris et
d'Einsiedeln contenait une suite d'abréviations se rapportant à
la fin de l'édit, car elles auraient pu y être prises par l'auteur
des extraits avant qu'il fût amputé de cette partie finale, mais
parce que, pour les parties conservées, il était sensiblement
plus complet que notre Probus systématique actuel, parce qu'il
contenait un certain nombre d'abréviations qui manquent dans
les manuscrits présents du Probus systématique. Il faut donc
admettre ou bien que le manuscrit du Probus systématique,
d'où le rédacteur du Papias élargi a tiré ses extraits avant le
milieu du ix⁰ siècle, et celui d'où viennent les copies diverses du
xv⁰ siècle sont deux descendants d'un même manuscrit caracté-
risé par la même lacune intérieure et les mêmes corruptions,
que le premier copiste a transcrit intégralement et jusqu'à la
fin et que le second a transcrit superficiellement et jusqu'à un
certain endroit seulement, ou bien que le manuscrit du Probus
systématique qui avait fait avant la fin du ix⁰ siècle l'objet de la
copie soigneuse et continuée jusqu'au bout, d'où ont été tirés
les extraits alphabétiques, a encore servi de base, à une autre
époque indécise, à la copie représentée par les manuscrits sys-
tématiques actuels, où le manque de la partie finale pourrait
tenir à une mutilation du manuscrit survenue dans l'intervalle
entre les deux copies, mais où les omissions de la partie conservée ne peuvent s'expliquer que par la négligence d'un
scribe.

Quoi qu'il en soit de ce point accessoire, on peut résumer
l'histoire des manuscrits du recueil d'abréviations de Probus
en disant : qu'il existait, au ix⁰ siècle au plus tard, au moins un
manuscrit du recueil auquel ne manquait pas la partie finale
de la division des abréviations édictales qui manque aujour-
d'hui dans les manuscrits du recueil systématique, mais où
manquait déjà, dans la même division, un ou plusieurs feuillets
contenant les abréviations relatives aux titres de l'édit qui por-
tent les nᵒˢ II à IX dans la restitution de Lenel ; — que ce manuscrit a été utilisé, directement ou médiatement, pour inter-
caler avant le milieu du ix⁰ siècle des abréviations venant de
Probus dans un exemplaire du recueil dit de Papias, analogue,
mais non pas identique au ms. de Paris lat. 7530, qui peut
avoir commencé à la lettre A, mais dont nous connaissons

uniquement des exemplaires commençant dans le cours de la
lettre C : celui qui fut écrit en 821 au plus tard à Reichenan
par le bibliothécaire Reginbert ou par ses soins, sans doute sur
un modèle déjà mutilé de la même façon sous la rubrique *notae Iulii Caesaris* et d'où proviennent à la fois la copie du xe
siècle dénuée de rubrique et interrompue dans le cours de la
lettre R qui se trouve dans le manuscrit de Paris latin 4841 et
la nouvelle copie faite également au xe siècle sous la même rubrique dans le manuscrit qui est maintenant le manuscrit d'Einsiedeln, n° 326, duquel dérivent à leur tour les abréviations de
Probus transcrites par Pierre Diacre au xie siècle dans son *liber
notarum* ; — que ce manuscrit ou une de ses copies a fait, à une
époque indécise, l'objet d'une nouvelle transcription dont on
ne rencontre aucune trace avant le milieu du xve siècle, mais
qu'un exemplaire de cette transcription, lui-même aujourd'hui
perdu, qui s'arrêtait aux abréviations du titre de l'édit *de satis-
dationibus*, XII du numérotage de Lenel, peut-être par suite de
la perte de la partie finale du manuscrit original survenue après
la prise des extraits de Papias, peut-être par suite de la perte
de la partie finale d'une des copies, mais qui omettait en outre
dans la partie conservée un certain nombre d'articles qui ont sûrement disparu par le fait d'un abréviateur au cours·d'une copie
incomplète, a été découvert à cette époque, probablement en
Italie, soit par Cyriaque d'Ancone, soit par un autre, peut-être
par Cyriaque en 1434 ou 1435, en tout cas avant l'an 1442 où
l'une de ses copies se trouvait dans la succession de l'archevêque de Milan, Francesco Pizzolpasso mort vers le milieu de
1442 ; — que cet exemplaire perdu est lui-même la source de
toutes les copies qui nous restent aujourd'hui du Probus systématique.

Dans cet arbre généalogique, la découverte du manuscrit de
Paris n'ajoute qu'un rameau à la branche constituée par les
extraits adjoints au pseudo-Papias. Cela délimite son intérêt qu'il ne faudrait ni méconnaître ni surfaire, duquel surtout il faut souligner qu'il n'aurait pu être discerné avant
que Mommsen eût reconnu dans le manuscrit d'Einsiedeln,
la présence de fragments du Probus authentique. Cette dernière
observation doit être faite pour expliquer que l'excellent jurisconsulte et humaniste Pierre Pithou ait pu avoir entre les

mains ce manuscrit sans en rien faire, si, à vrai dire, il reste toujours un peu surprenant que l'attention d'un érudit tel que lui n'ait pas été éveillée par la rencontre de formules juridiques aussi reconnaissables que *fraudationis causa latitat* et *ope consilio* ou aussi nouvelles que *herede cognitore* et *restituas ante quam ex iure exeas* (1).

P. F. GIRARD.

(1) A notre connaissance, il n'a mentionné le manuscrit nulle part, pas même dans son exemplaire annoté de l'édition du Code Théodosien donnée par Cujas en 1566 (*Codicis Theodosiani lib. XVI curante Iacobo Cuiacio*, Lugduni, apud Guliel. Rouillium, 1566, in-folio), qui est conservé au département des imprimés de la Bibliothèque nationale sous la cote Réserve, F³, fol. et dans les notes duquel il renvoie, par exemple, à la *Collatio* qu'il a découverte vers 1570 et publiée en 1573 (Mommsen, *Collectio librorum iuris ante iustiniani*, III, 1890, p. 109; Girard, *Textes*, p. 544). Les *notae iuris a Magnone collectae*, p. 718 et s., y sont augmentées de nombreuses additions manuscrites prises dans des sources diverses et notamment dans les *notae Lindenbrogianae* (*Gramm. Lat.*, IV, pp. 285-300) qui ne devaient être imprimées qu'en 1599, trois ans après le décès de Pithou mort en 1596; mais parmi ces additions aucune ne paraît venir de notre manuscrit que Pithou pourrait, d'ailleurs, n'avoir acquis que postérieurement, dans une période relativement avancée de sa vie.

IMPRIMERIE
CONTANT-LAGUERRE

BAR-LE-DUC

www.ingramcontent.com/pod-product-compliance
Ingram Content Group UK Ltd.
Pitfield, Milton Keynes, MK11 3LW, UK
UKHW020032080726
13614UKWH00004B/1717